U0895791

guide

# 导读

# 巴特勒

Judith Butler

[英]萨拉·萨里（Sara Salih） 著

马景超 译

重庆大学出版社

# 目　录

# 我们今天为什么需要导读书?

这批来自“劳特利奇批判思想家”(Routledge Critical Thinkers)系列的小书,构成了“思想家和思想导读”丛书的基石。早在丛书策划之初,我们就在豆瓣那个“藏龙卧虎”之地结识了一群志同道合的朋友。我们之间的对话从一个提问开始——“我们今天为什么需要导读书?”

> 我们今天对西学的译介,依然有一些是盲目跟进式的译介,而缺乏系统、深入的相关性研究。[1]

面对有识之士发出的这句尖锐批评,我们试图借助这一发问所引发的一系列思考,探寻专业性导读对于中国学界,特别是初入门者,意味着什么。呈现在我们面前的这套译作,是加入这次“探寻之旅”的朋友们,用他们的精彩译笔所作的回应。然而,在文本之外,一些智慧之果还散落在他们的言说之中,需要显现。

---

1 王晓路.序论:词语背后的思想轨迹[M]//王晓路,等.文化批评关键词研究.北京:北京大学出版社,2007:5.

**豆瓣 id:フ**

“地图书”(将导读书视为探索思想的地图。)这个说法很不错,和弗雷德里克·詹姆逊(Fredric Jameson)的认知地图(cognitive mapping)有异曲同工之妙。

如果让我来定位入门书的意义的话,我会借用詹姆逊提出的另一个概念,即消逝的中介(vanishing mediator)。在一个辩证扬弃的过程中,一个“消逝的中介”发挥这样的作用:它施力于前一个状态从而引导出后一个状态,这个过程完成的同时它即消逝。

如果把入门书比作一个“消逝的中介”的话,它不怕当初的读者回过头来觉得它有种种缺陷和不足,因为这恰恰是它所想要达成的。如果一套入门书能发挥这样一个作用,我觉得它的编撰者就应该没有遗憾了。

**豆瓣 id:剧旁**

**(李三达,湖南大学文学院讲师)**

目前,很多中国学生读书进入了误区,就是认为读原典才是正道,解读的书一概不读,生怕这些人家咀嚼过的内容会影响他们对原典的认知。这真是再荒谬不过了,而我导师一再强调要规避这种误区,不要总摆出一副不世奇才的心态,别人苦心经营的研究成果只能是明灯,与原典相辅相成,待到你学力足够方知深浅和漏洞,彼时再别出心裁不迟。我深以为然。

**豆瓣 id:坏卡超**

二手文献或导读性文献确实很有必要。并且也应该重视英语世界的二手文献。尽管英语世界不是欧陆哲学的发源地,但英语作者一般都会比较注重用清晰易懂的语言来解释深邃的道理。

**豆瓣 id:近视眼女郎**

**(路程,上海外国语大学文学研究院助理研究员,《导读阿多诺》译者)**

我个人以为,无论从学术还是知识普及的角度来说,系统引进导读类的书都是多多益善的。当我想了解某位思想家,首先会做的,也是去寻找一些靠谱的导读书来看。

**豆瓣 id:年方十八发如雪**

国内许多入门级、导论级著作,往往都是引了过多的原文,而非对文本本身的解读。换言之,本来是要作者来解释文本,结果成了作者从原著中摘了几句话,让读者自行领会。或者直接就是由作者的一些论文拼凑出来。这样的后果自然是让初学者一头雾水,完全起不到导论的功能。

相比而言,Critical Thinkers 这套书的一个优点就是由作者带领读者读文本,其次就是每本书后面的文献相对来说都比较齐全,有助于进一步的研究,最后是该系列的很多思想家都是国内很少涉及的,比如阿甘本等,引进来也有开拓作用。总之,老少咸宜。

**豆瓣 id:Igitur**

**(于长恺,爱好阅读法国当代哲学书籍)**

毕竟从原著开始着手,需要忍受其本身的拧巴语言风格,西式的语法结构,不同的文化背景、语境。能够有可靠、系统的介绍文本为后续的阅读指引道路,可以节省许多绕弯路的时间,减少初学者的挫折感,增强学习兴趣。

**豆瓣 id:H.弗**

**(卢毅,复旦大学哲学学院)**

这些著作就成了维特根斯坦所说的"梯子",特别是初学者在很大程度上需要借助它们来对某位思想家基本的思想观点先有个大致的把握和了解,这样,一方面可以帮助人们铺平一些道路、消除一些畏难心理,另一方面可以作为一个引子更好地激发起人们的学习兴趣而不只是无助感与挫败感。

**豆瓣 id:Gawiel**

**(马景超,美国维拉诺瓦大学[Villanova University]哲学系博士在读,《导读波伏瓦》译者)**

我以前在国内读书的时候,也经常感到这样的不便,尽管黑格尔、康德和海德格尔等寥寥几位有一些不错的入手读物,但是大部分人还是缺乏类似的读物来引荐。我也非常希望能够通过"地图书"来改变大家的读法,否则,对于很多学科和很多学者都只是停留在泛泛了解一点的程度上,很难进行有建设性的学术研究。比如,人人都知道福柯谈"权力",然而什么是权力,则需要深入阅读福柯的几本作品,并且能够将不同作品里面的理念联系起来,才能有所了解,否则只是在用我们日常语言中的"权力"去套用福柯的牙慧。如果没有导读性质的作品,读者(尤其是本来就没有精读压力的人)就很容易停留在套用牙慧这个地方,而对于真正有意思的书望而却步。

还有像巴特勒(Butler)这样的作家,作品中有一些话看上去很有力("性别是一种操演"),但是理解前后文就需要知识背景("主体由操演建构")了。那么,如果没有导读类的书,一般读者很容易就理解为:一个人可以自由决定自己扮演男性还是女性,而这恰恰是巴特勒（作为反人文主义[anti-humanism]传统的继承）最不可能持有的观点，她想说的恰恰是自我的形成过程中，性别作为一种操演已经参与了这一形成，因此没有性别之外、语言之外的“无性别”、“前性别”的主体。

这些都是我常见到的误解，我觉得也许导读类书的引介可以改变这种“好读书不求甚解”的现状，尤其是对于并非哲学专业，但是需要运用到哲学理论的人，导读类的书更可以起到介绍理论背景和避免断章取义的作用。

**豆瓣 id：迷迭香**

**（李素军，中国社会科学院文学所博士研究生）**

作为一个理论专业的学生，我深知直接读原著的个中艰辛。理论难读的原因之一是翻译，抛却误译等人为因素，西方思想转换到中文语境里所带来的语言的晦涩也是一个很大的问题；其二，每个思想家都有自己的理论语境，他在继承什么，反对什么都不是短时间内可以看明白的，换言之，我们得摸清楚他的理论轨迹。

**豆瓣 id：霍拉旭的复仇**

**（汪海，中国人民大学文学院讲师）**

从学生过来的我，也经历过一个阶段，听到很多老师强调直接阅读原典，生怕受二手资料的影响。但实际上，若没有一个导读的阶段做宏观把握，直接读原典的结果就是不知所云，看了就忘。

我个人从来不相信“白板说”，以为学生在不读二手书之前是纯洁的、不受污染的、具有反思力的“白板”。没有大量的阅读，根本培养不出反思力，导读是必需的，最好是有多重不同看法和角度的导读。

极其要不得的是对原典的态度——面对“名著”没有一颗平常心:或者极其功利地想要推翻它,从而证明自己的高明;或者直接拜倒,因为它是“典”,是权威。好的读书方法就是培养好的民主政治素质,要学会听不同的意见,“名著”之所以是名著,不是因为它是“典”,是权威(虽然它有权威性),而在于它是一个伟大的空间,容得下太多的探讨、太多的声音,不断激发更多的思考、更多的创造,所以才有那么多人前赴后继地走进来。

不妨把导读看作一个邀请、一个好客的举动,带我们进入原著的空间,而不是助教,不是训导,不是“原著”这个白胡子老头打算教训弟子之前的开场白或者清清嗓子。

导读也是前人外出探险之后留下来的攻略,不可能事事准确、面面俱到,它邀请你历险,最后写出自己的攻略。

前面说过,我不相信白板——没有单纯的读者。没有导读的读者,他会用从前未经反思的有限阅读经验当导读。如果他自以为此前完全没有受过二手思想的影响,他反而缺乏对自我的反省和批判。

# 译者前言

无论您是否读过朱迪斯·巴特勒的作品,在您面前的这本书都值得一读,但这并不意味着这本书是一条简单的捷径、一份扼要的替代物,或者一张清楚的地图。事实上,作为译者,我在翻译这本书的时候常会担心这本书可能与巴特勒同样难读。在这篇前言中,我试图先为自己"辩解",简短地讨论一下巴特勒的作品和本书在中译上的困难之处;之后,我将会讨论巴特勒的作品为什么那么难读,而本书会针对这些难读之处,为读者提供哪些帮助;最后,我会简略指出本书中最为强调的巴特勒思想的三个特点,而抓住这些特点对您阅读本书和阅读巴特勒的著作都会有帮助。

如果您因为对女性主义、酷儿理论或当代美国后现代理论感兴趣而读过一些巴特勒的作品,您应该会对她出名的文风有所了解。将巴特勒的文字翻译成中文,则是难上加难。像很多理论家一样,巴特勒所使用的概念涉及近现代西方哲学的一些核心问题,而这些哲学上的核心问题往往植根于欧洲语言之中。例如本书中所说的,巴特勒在理论上质疑了主体是否是稳定和自洽的,而欧洲语言的语法则要求每个动作都必须有一个主体来做出。因此,即便巴特勒想要表达作为主体的个体的人本身是在一个过程中建构的,并不是一开始便存在的(婴儿并不是一个能够行动的社会意义上的主体),她仍然无法写出一个完全没有主体的句子,因而总是需要艰难地绕过语法来避免提前说出“主体”。如果您对其他后现代理论家(如拉康、德里达)有所了解,就有可能在他们那里看到同样的现象:并不是他们有意迷惑读者,而是因为现代欧洲语言的语法本身便与他们所挑战的近现代形而上学同出一源。用这样的语言挑战它本身所传达的形而上学,某种意义上来说正是一种提着自己的鞋带使自己离开地面的尝试。作为读者,我们刚拿起这样一本书的时候,一定会需要一段时间来熟悉和适应这样的风格,但一旦我们了解了这种诘屈聱牙背后的形而上学目的,我们也会明白这样的风格是不可避免的。

除了词汇与概念上所造成的翻译困难,巴特勒的书如此难读还有其他原因。一个原因是巴特勒的作品是建立在一些近现代理论与后现代理论之上且是对它们的总结与反思,这意味着她所使用的概念和关心的问题在一定程度上承继了这些理论。如本书中所说,巴特勒并不一定在文中详细列出这些历史上的来源。因此,如果读者对弗洛伊德、拉康、福柯、德里达这些理论家尚没有一定程度的了解,可能会觉得巴特勒说的某一段话难以理解,但实际上巴特勒可能只是发展了或者在不同语境中重申了这些前人的理论。另一个原因是巴特勒作品中关心的很多问题来源于当今美国的社会问题和社会运动的历史,特别是女权主义运动和同性恋平权运动这样的身份政治发展的困境:身份究竟在什么程度上界定了个体的人?运动应该强调身份的特殊性还是强调“我们没有什么不同”?如果主流文化是父权制的、异性恋的,那么女性与同性恋者是在这文化之外,还是在此文化中成长与生活?这些问题在当今身份政治的讨论中是无法回避的问题,但也无法得到一劳永逸的解答。

本书虽然不能为巴特勒给出一个清晰的地图,或者在短短的篇幅内介绍影响了巴特勒的全部哲学理论,但就以上谈到的两个难点,本书还是很有帮助的。在介绍巴特勒的关键思想之前,作者为我们简要地介绍了黑格尔、福柯、弗洛伊德、拉康、奥斯汀等人的思想。虽然因篇幅所限无法面面俱到,但对我们把握巴特勒的思想脉络仍是很有帮助,并时刻提醒我们去关注巴特勒是在怎样的语境中使用这些概念。如果读者对这些思想家了解不多,也可以参考本系列中已经出版的这些思想家的导读书。本书也为我们梳理了一些欧美国家近年来身份政治中的争议,尤其是女性主义如何界定"女性"和色情文学是否应该禁止的争论,了解争论各方的声音,能够帮助我们理解巴特勒的立场和关注点,以及更好地理解她的政治思想。

巴特勒对这些思想的继承,集中地体现在她对主体、颠覆和身份这几个概念的理解中。她对这些概念的讨论可以说是贯穿她的作品的一个线索,也是本书中对巴特勒思想讨论的一条线索。接下来我会大致概括一下巴特勒对这几个概念的理解和我们一般的理解,或者说在后现代理论之前的常见理解有何不同。

首先,个体作为社会意义上的主体,即作为一个能够使用语言、能够在社会中行动的人,我们常会将这样一个主体理解为自然而然的(我"生来如此")、有一个个体的核心(我的"真实内心"),并且这个核心是融洽的、稳定的。只有在异常的生活情境中,主体才可能会经历矛盾与崩溃。巴特勒质疑的正是主体是否如此天然稳定。弗洛伊德的压抑、忧郁、无意识和主体形成的理论为包括巴特勒在内的后现代理论家提供了质疑的理论框架。在弗洛伊德看来，一个稳定和融洽的主体是压抑与社会化的结果，不符合社会要求的那些欲望、本能与情感都被压抑在意识之外。也就是说，稳定的主体并不是"生来如此"，而是通过排除了那些"不稳定"的可能性而建立的稳定的表象。这并不是说行动主体并不存在（"我们都仅仅是社会的牵线木偶或历史的棋子"）——而是说行动主体并不是先天的，而是建构的结果。

其次，在对现有的社会结构和运行方式不满时，我们常会觉得颠覆性的政治要能成为新的替代物，必须先从现有的结构中跳脱出来，或者说改换结构的可能性必须先来自于脱离这个机构的自由。反对资本主义的人应该力图实践去建立一个无需商品交换的共同体，女权主义者不应该再重蹈父权制的覆辙等。然而，从现有的社会结构中去想象一个全新的可能性又是十分困难的。我们时常看到颠覆性的政治似乎又需要借助"旧制度"的力量或者重现"旧制度"的规则。在巴特勒看来，如果我们认为主体并不是天生而来，而是在社会结构中被形塑的，那么便不存在绝对处于社会结构之外的位置——正如对结构的批判仍需要使用现有的语言，换个角度看，可以说现有的语言就提供了批判现有结构的可能性。结构本身即建立在不断的重复之上，这其中本身便具备偶然性和不稳定性。与其将结构的改变寄托于一个彻底外在于结构的颠覆性位置，我们唯一能做的是身处结构之中，利用结构本身的内在矛盾来进一步揭示其不稳定性。

最后，我们通常会认为性别身份是由某些身体上的特征而决定的。像所有动物一样，人类天然地分为男女两性，根据生理结构就可以判断一个个体属于哪一个类别。然而，如果在社会结构之外不存在一个"自然"或"天然"的位置——至少对人类来说没有一个社会之外的位置，那么性别也是在社会结构之中的。巴特勒所说的不仅仅是我们对社会性别和性别角色的理解和规定（“男主外女主内”或者“男性留短发，女性穿裙子”）是社会的产物，而是说我们对“生理”的理解本身便是文化的一部分。与此同理，其他身体化、自然化的身份范畴也是我们社会结构、话语和文化的一部分：我们如何使用身体上的某个部位或某个特征（如肤色）作为标签来将人们分门别类，这本身就是我们文化的一部分。

正如本书作者一再提醒读者的，阅读巴特勒并不是一件容易的事。希望这篇小文和这本书能为您的阅读提供一点帮助。我翻译这本书花了不少时间，在此要感谢邹荣编辑的耐心与辛苦工作。书中译文部分参考了宋素凤翻译的《性别麻烦：女性主义与身份的颠覆》，其他部分如无注明，由我自己翻译。书中纰漏在所难免，还请读者交流指教为盼。

马景超

2018 年 8 月于费城

# 丛书编者前言[1]

本丛书提供对影响文学研究和人文学科的主要批判思想家的介绍。当在研究中遇到一个新的名字或概念时，本丛书中的某本可以成为你阅读的首选著作。

丛书收录的每一本著作都将通过解释一位重要思想家的核心观念，把这些观念置入语境并且——也许，最重要的是——向你展示为什么这位思想家被认为是重要的，来帮助你进入她或他的原始文本。这是一套不需要专门知识的简明、清晰的导读系列。尽管聚焦于特定的人物，本丛书也强调，没有一位批判思想家是在真空中存在的。相反，这样的思想家是从更广泛的智识的、文化的和社会的历史中出现的。最后，这些著作将在你和思想家之间搭建一座桥梁：不是取代原文，而是补充她或他的作品。

编写和出版这些著作是非常必要的。在 1997 年出版的自传《无题》(*Not Entitled*)中，文学批评家弗兰克·克默德(Frank Kermode)描写了发生在 20 世纪 60 年代的这样一段时间：

---

1　本前言由王立秋(豆瓣 id:Levis)翻译。——编者注

> 在美丽的夏日草地上,年轻人整夜地躺在一起,从白天的劳顿中恢复过来,聆听着巴厘音乐家的巡回演出。在毛毯和睡袋下,他们懒洋洋地谈论着当时的大师们……他们重复的大多是传闻;因此我在午休时,非常即兴地提议,做一套简短、廉价的丛书,提供对这些人物的权威而易懂的导读。

对“权威而易懂的导读”的需要依然存在。但本丛书反映的却是一个不同于20世纪60年代的世界。随着新的研究的发展,新的思想家出现了,而其他思想家的声誉则盛衰不一。新的方法论和挑战性的观念在艺术和人文学科中传播开来。文学研究不再——倘若它从前如此的话——仅仅是对诗歌、小说和戏剧的研究与评价。它也是对在一切文学文本和对这些文本的阐释中出现的观念、问题和疑难的研究。别的艺术和人文学科也发生了类似的变化。

新的问题也随之出现。在人文学科的这些剧变背后的观念和问题,经常被不以更广泛的语境为参照地呈现出来,或被呈现为你可以简单地“加”在你阅读的文本上的理论。当然,有选择地挑出某些观念,或使用手头现成的东西并没有什么错,而且确实有一些思想家认为事实上我们能做的就是这些。然而,有时人们会忘记,每一个新观念都是出自于某个人的思想的底样及其发展,而研究他们的观念的范围和语境是重要的。与“浮于空中的”理论相反,本丛书贯之始终的是把这些重要思想家和他们的观念放回它们原本的语境中去。

不仅如此,本丛书收录的著作还反映了回归思想家自己的文本和观念的需要。一切对某个观念的阐释,甚至是看起来最为单纯的阐释，也会或隐或现地给出它自己的“有倾向性的陈述(spin)”。只阅读论述某位思想家的著作，而不读该位思想家的文本，就是不给你自己作决定的机会。有时，使一位重要人物的作品难以让人进入的，与其说是它的风格或内容，不如说是(读者)不知道从哪里开始的那种感觉。本丛书的目的，就是通过为这些思想家的观念和著作提供一个容易理解的概述，通过引导你从每位思想家自己的文本开始进行进一步的阅读，来给你一个“入口”。用哲学家路德维希·维特根斯坦(1889—1951)的比喻来说，这些书是梯子，是在你爬到下一层楼后要扔掉的东西。因此，它们不仅帮助你进入新的观念，也会通过把你领回理论家自己的文本，并鼓励你发展你自己的有依据的意见，来给你力量。

最后，这些书之所以是必要的，是因为，就像智识的需要已经发生变化那样，全世界的教育系统——通常导读就是在这个语境中被阅读的——也发生了根本的变化。适合20世纪60年代的精英型高等教育系统的东西，不再适合21世纪更大、更广、更多样的高科技教育系统了。这些变化不仅要求新的、与时俱进的导读，也要求新的介绍方法。本丛书的介绍方式，就是着眼于今天的学生而发展出来的。

丛书收录的每本书都有类似的结构。它们一开始的部分，都提供对每位思想家的生平和观念的概述，并解释为什么她或他重要。每本书的核心部分，都讨论了该思想家的核心观念，这些观念的语境、演化和接受(情况)。每本书也都以对该思想家之影响的审视——概述他们的观念如何被其他思想家接纳和阐发——作结。此外，每本书的书末，都附有一个建议和描述进阶阅读书目的部分。这不是一个“附加的”内容，而是全书不可或缺的组成。在这个部分的第一部分，你会发现对书中所涉及思想家的核心著作的简述;此后,是关于最有用的批评著作的信息,有时候也有一些相关网站。这个部分将引导你的阅读,使你能够跟随你的兴趣并发展出你自己的计划。丛书中的注释是按所谓的哈佛系统(在文本中给出作者的姓名和参引著作的出版日期,你可以在书后的参考文献中查到完整的信息)给出的。这种注释方式在极小的空间中提供了大量的信息。丛书也会对技术性术语加以解释,并用方框插入对一些事件或观念的更加细节性的描述。有时,方框也用于强调一些该思想家惯用或新创的术语的定义。这样,方框在某种程度上也起到了术语表的作用,在快速浏览全书时很容易找到它们。

丛书收入的思想家是"批判的",出于三个原因。首先,我们按照涉及批评的主题来考察他们:主要是文学研究或者说英语和文化研究,但也涉及其他依靠对书本、观念、理论和未受质疑的假设进行批判的学科。其次,他们是"批判的",因为研究他们的作品将为你提供一个"工具箱",这个"工具箱"将服务于你自己的有理据的批判的阅读和思考,而这一阅读和思考,将使你成为"批判的"。再次,这些思想家之所以是批判的,因为他们至关重要:他们与观念和问题打交道,这些东西能够颠覆我们对世界、对文本、对那些想当然地接受的一切的常规理解,给我们对我们已经知道的东西一种更加深刻的理解,给我们新的观念。

没有导读能告诉你一切。然而,通过提供一条进入批判思考的道路,本丛书希望让你开始参与这样一种生产性的、建设性的、可能改变你一生的活动。

# 致　谢

感谢罗伯特·伊格尔斯顿(Robert Eaglestone)聪明灵巧的编辑;劳特利奇出版社的利兹·汤普森(Liz Thompson)的耐心和“无情”的删减;肯特大学的罗德·爱德蒙(Rod Edmond)提出了有益建议;还有罗伯特·麦吉尔(Robert McGill),他阅读了草稿、提出了修改建议、查阅了参考书目,并一直对本书保持乐观的心态。

# 书(篇)名缩写

本书中,巴特勒的书、文章和访谈的标题都将使用缩写;“进阶阅读书目”部分将会有这些作品和巴特勒其他作品的出版细节。对于其他作者的作品的引用均使用哈佛格式;在参考文献中将会有这些作品的书目细节。

BTM 《身体之重》(*Bodies That Matter*[1993])

CF 《偶然性的基础》(Contingent Foundations [1990/2])

CHU 《偶然性、霸权和普遍性》(*Contingency, Hegemony, Universality*[2000])

CTS 《改变主体》(Changing the Subject [2000])

ES 《激动的言论》(*Excitable Speech*[1997])

FPBI 《福柯与身体印刻的悖论》(Foucault and the Paradox of Bodily Inscriptions[1989])

GP 《作为操演的性别》(Gender as Performance[1994])

GT 《性别麻烦》(第一版)(*Gender Trouble*[first edition, 1990])

GTII 《性别麻烦》(十周年版)(*Gender Trouble*[anniversary edition, 1999])

NTI 《存有的无》(The Nothing That Is[1991])

PLP 《权力的精神生活》(*The Psychic Life of Power* [1997])

RBP 《重访身体与欲望》(Revisiting Bodies and Pleasures [1999])

SD 《欲望的主体》(第一版)(*Subjects of Desire*[first edition, 1987])

SDII 《欲望的主体》(再版)(*Subjects of Desire*[reprint, 1999])

SG 《西蒙娜·德·波伏瓦〈第二性〉中的生理性别与社会性别》(Sex and Gender in Simone de Beauvoir's *Second Sex* [1986])

SI 《性倒错》(Sexual Inversions [1996])

VSG 《生理性别与社会性别之辩》(Variations on Sex and Gender [1987])

WIC 《何为批判?》(What Is Critique? [2000])

WLT 《理论所剩何物?》(*What's Left of Theory?* [2000])

# 为什么是巴特勒?



如果你去问做批判理论研究的人“朱迪斯·巴特勒是谁”,他们的答案可能会有“酷儿理论”(queer theory)、“女性主义理论”(feminist theory)和“性别研究”(gender studies)这些词语。问得更深一点,你可能会听到“性别操演”(gender performativity)、“戏仿”(parody)和“扮装”(drag)。很多人将这些概念和做法与巴特勒联系起来,尽管有些并不准确。朱迪斯·巴特勒(Judith Butler,1956—)是加州大学伯克利分校修辞学和比较文学系的玛克辛·艾略特教席教授,但这个学术头衔有些误导,因为她的作品并没有明确涉及修辞或比较文学。更令人困惑的是:很少有评论者和学者会一下子就将巴特勒与黑格尔哲学联系起来,但 19 世纪德国哲学家 G.W.F.黑格尔(G.W.F. Hegel,1770—1831)对巴特勒的作品的影响则是相当深厚的。巴特勒在 1980 年代学习哲学,她的第一本书就是研究黑格尔的作品对 20 世纪法国哲学家的影响。在随后的作品中,她广泛吸取精神分析、女性主义和后结构主义理论。本书接下来的章节将着重介绍这些理论框架对她丰富的身份

(identity)理论的影响。

巴特勒的学术头衔和她本人之间潜在的“错位”不仅体现了评
2 论者难以从概念和知识领域上给她严格的定位,也揭示了构成人的身份的词语的不稳定性。在后面的章节中我们将看到,这是巴特勒作品中最关注的“主体形成”(subject formation)的一个方面。事实上,如果我们一定要“定位巴特勒”(不过如果巴特勒的作品有核心的话,这样做就会违背她的核心),在她所涉及的多重学术领域中,她对于性别化的(gendered)和性化的(sexed)[1]身份的理论论述可能是她最重要的理论介入。在许多性别研究阅读书目中,你都会看到她最知名的著作《性别麻烦》(1990)及其“续集”《身体之重》(1993),酷儿理论、女性主义理论和同性恋理论领域的学者也会研读这两本著作。巴特勒的其他著作亦涉及一系列学科,包括哲学、政治学、法学、社会学、电影研究、文学研究等。

显然,无论是总体上看巴特勒的所有著作,还是单看她的某一本书,都很难简单归类,而这正是它们所构成的挑战的一部分。巴特勒的所有著作都或多或少涉及身份和主体性(subjectivity)形成的问题,追溯我们采取(assume)一个在现有权力结构(power structure)中为我们建构(construct)(也在一定程度上被我们建构)的、性化的/性别化的/种族化的(raced)身份,从而形成主体的过程。巴特勒一直在进行对“主体”问题的探讨,她问道:主体是经过怎样的过程而开始的?主体是通过怎样的手段被建构的?这些建

1 sex, gender 和 sexuality 三个词贯穿全书,而巴特勒的作品集中质疑和挑战了对于这三个词的定义。在英文中,“sex”一词既可表示“性”,也可表示“性别”,在与“gender”对应时则一般翻译为“生理性别”,与“社会性别”(gender)对应。在本书中,根据上下文语境,对“sex”的翻译有所不同。在英文中,“sexuality”的含义也较为模糊,它有“与性有关的感觉与能力”、“性取向、性偏好”、“性行为”和“性经验”等意思。本书对该词的翻译也根据上下文语境而有所不同。——译者注

构如何运作，又怎样失败？巴特勒所称的“主体”不是一个个体，而是一个形成中的语言结构。“主体属性”（subjecthood）不是给定的，并且，由于主体始终处于不断生成（becoming）的过程中，它可以不同的方式重新采取或者重复它的主体属性。“谁是一个主体？什么可以算作一个生命？”巴特勒在最近的一篇文章（WIC：20）中这样发问：我为自己建构一个连贯（coherent）的身份和“做”（doing）我的身份时压迫了什么人？如果我们的身份“失败”（fail）了，会发生什么，以及这样的失败是否能提供机会来颠覆性地（subversive）重建身份？而那些重建即便看起来具有颠覆性，最终也许仍将连贯起来形成新的、具有另一种压迫性的身份。我们怎样才能知道什么是颠覆性，什么只是巩固权力？我们在多大程度上能够选择如何“做”我们的身份？在此处问这些问题为时过早，3
但这会让你提前了解接下来的章节中我们将详细探讨的议题。

## 辩证法

正如当你阅读巴特勒的文章时会看到的那样，她喜爱的写作模式是提出问题，但你很少会找到她提供的答案。有时，一个接一个的问题看起来似乎扑朔迷离，但这并非风格上的缺陷，而拒绝提供答案也不是因为巴特勒的无知或迟钝。这是因为，像她所讨论的“主体”一样，巴特勒的作品本身是一个过程的一部分或一个生成的过程，没有开头也没有结束；事实上，她的作品拒绝开头或结束，并视之为具有压迫性的，甚至暴力的一种线性（linear）或“目的论”（即朝着一个特定的终端或最终结果而运动）。如果你尝试用图形来“勾勒”巴特勒的作品，你无法将她的想法按照从 A 到 M 到 Z 排列在一条直线上向前发展；相反，她的思想的运动类似于一个莫比乌斯带（Mobius strip），或一系列莫比乌斯带，展现了她的理论如何贴近或围绕她的议题，而不试图解决这些问题。

虽然我将会按照出版年份顺序来介绍巴特勒的作品，但是在阅读时，你应该记住，这并不意味着我在暗示从一本书到下一本书有明确或线性的进展关系。过程或生成的概念，对理解巴特勒的理论至关重要，而这与黑格尔的辩证法的概念有关。我们将在第2章中详细讨论辩证法，但在这里，提供一个简要说明，或者说临时定义将会非常有用。辩证法是一种哲学思辨的方式，往往与黑格尔联系在一起（虽然他并不是第一个描述辩证法的哲学家），辩证法从提出正题（thesis）开始，正题随即被反题（antithesis）所否定（negate），而在合题（synthesis）中被解决。然而这一合题或解决并不是最终的，而是为下一阶段提供正题，从而导向新的反题和合题，如此往复。在巴特勒的辩证法模型中，知识以反对和消解的形式进展，永远不会达成“绝对”（absolute）或最终的确定性，只有提出想法而不能固定为“真理”。很多人认为科学拥有某种权威或自称为“真理”，但科学也遵循同样的进展方式，通过实验、否定和修
4 正：一位神经学家“发现”了大脑中神经元的运作，是汲取了之前的研究结果，同时也知道后来的神经学家会反驳她或他的研究结果，也可能将其作为基础进行进一步研究。同样，尽管许多哲学家和思想家或许宣称他们发现了“真理”，其他哲学家和思想家亦汲取了他们的思想，提出不同的真理，随后也会再次被别人反驳。

作为思想家，巴特勒从不声称她解决了自己所分析的困难和议题，对她来说，辩证法是一个开放式结果的过程。事实上，她认为解决是危险的、反民主的，因为将自己呈现为不言而喻的“真理”的思想和理论，往往承载了压迫社会中一部分人的某些意识形态，特别是压迫少数族群（minority）或边缘群体。一个典型的相关例子是右翼保守观点认为同性恋是“错误的”、“不自然的”、“异常

的”,应被禁止和惩罚。这种态度,在某些意义(宗教、道德、意识形态等)上来说,可以将自己呈现为真实的或不证自明的“真理”,但在巴特勒的一些作品中,她动摇这些概念,将它们放在脉络(context)[1]中来分析其声称的真实性,从而使它们能够被诠释和被挑战。“这些概念”是指身份的范畴(category),包括“同性恋”、“异性恋”、“双性恋”、“跨性别者”、“黑人”和“白人”等,也指“真理”、“正确”和“规范”等。巴特勒的作品辩证地处理这些用于描述和构成主体的范畴,探究为什么主体被构造成现在这样,并指出在现有的权力结构之内,可能也有另类(alternative)的描述模式。

对于巴特勒从不对她提出的问题给予解答,许多读者可能会觉得沮丧和厌烦,一些批评者也愉快地指出了在她理论中看起来是异常和矛盾的地方。然而,巴特勒愿意以一种辩证精神重返自己的作品并修正自己的看法,承认之前的错误或含混,并充分利用她作品中的对立与差异,使之成为自己和别人将来的批判与理论的出发点。在这个意义上,她的作品自身就形成了一种辩证的关系,类似于黑格尔在《精神现象学》(*Phenomenology of Spirit*, 1807)中所描述的精神(Spirit)之旅。黑格尔的这本重要著作描述了精神向绝对知识(absolute knowledge)的发展,但对巴特勒来说,《精神现象学》并没有以关闭或解决来结束,而是具有开放式结果的、无解决的 5
特点,这比目的论包含了更多潜力。这一看法也可以适用于巴特勒自己的理论,以及她如何将身份视为无尽的过程和生成。

---

1 在英文中,“context”既有一个词前后的一段话(“语境”或“上下文”)之意,又有比喻意义的意思,指一个事件、言论、想法等发生的环境和来龙去脉(“脉络”)。鉴于本书中这两种意义都很常见,且巴特勒的著作也常讨论语言和事件之间的关系,故本书对该词的翻译会根据上下文语境而有所不同:在语言学的上下文语境中,多翻译为“语境”,而如果是讨论概念、思想或事件,多翻译为“脉络”。——译者注

## 影　响

巴特勒对于主体以及主体形成过程的理论分析涉入了多个学术领域,但这些影响并非巴特勒一手造成,黑格尔亦不是她唯一的哲学来源。巴特勒自己最先承认,理论家和哲学家无法与世隔绝地写作,他们所写的东西也不是完全“原创”或者独一无二。这不仅是因为他们的作品必然与之前的思想和作品存在辩证关系,也是因为所有的主张都是重复在同一个意指链(signifying chain)上的先前的主张。这是我们将在后面的章节中再详述的一个重要思想(当然,它不是巴特勒“原创”的);我将在此简要勾画巴特勒复杂的理论、哲学和政治背景。

我已经提到黑格尔对巴特勒产生了重大影响,她的第一本书《欲望的主体》(*Subjects of Desire*,1987)分析了20世纪法国的两代哲学家对黑格尔《精神现象学》的接受。这似乎是一个非常具体的、少有人懂得的主题,但巴特勒在《欲望的主体》中所涉及的两个哲学家却对她未来的思想产生了重要影响。法国哲学家米歇尔·福柯(Michel Foucault,1926—1984)对于性(sex)与性经验(sexuality)所作的历史分析,即它们如何在不同的社会和背景中以不同方式被建构,这为巴特勒自己的论述提供了理论框架,即将性别(gender)、性和性经验视为不固定的和被建构的实体(entities);而另一位20世纪法国思想家雅克·德里达(Jacques Derrida,1930—2004)的语言学理论则补充了她对于主体的论述。如果说巴特勒和福柯将主体的形成视为一个过程,必须放在特定的历史和话语(discursive)背景中来理解,那么德里达则类似地将意义视为一个征引(citational)链中的一个“事件”,而征引链是没有开始或结束的,这一理论相当于否认了个体的说话者能够控制他们的言语

(utterance)。这一后结构主义的语言理论是一个关键概念,我们将在后面的章节详细论述。若你参阅劳特利奇批判思想家系列中关于介绍后结构主义思想家的其他书,如保罗·德曼(Paul de Man, 6
1919—1983)[1],会对此很有帮助。

由于福柯和德里达都对巴特勒的作品产生了重大影响,很多人因此将她归类为后结构主义,因为一般认为这是福柯和德里达所在的一个"学派"(尽管后结构主义准确来说并不是一个学派)。然而,尽管她的确受到了后结构主义思考和分析模式的影响,还有一些思想也对巴特勒的作品产生了同样重要的影响,特别是精神分析理论、女性主义理论和马克思主义理论。下框中列出了这些理论中的一些著作,以及相对应的巴特勒的理论。如果"操演性"(performativity)或"征引性"(citationality)这些概念看起来很陌生,不用担心,下一章我们将详细分析。

**巴特勒的思想及影响来源** 7

**作为过程的"女性"**

西蒙娜·德·波伏瓦:《第二性》(1949)

莫妮克·维蒂格:《异性恋思维》(The Straight Mind,1980)

盖尔·鲁宾:《交易女性:性的"政治经济学"初探》(The Traffic in Women: Notes on the "Political Economy" of Sex ,1975)

**主奴关系/奴隶道德(Slave Morality)**

G.W.F.黑格尔:《精神现象学》(1807)

弗里德里希·尼采:《论道德的谱系》(*On the Genealogy of Morals*, 1887)

1 该书的中译本《导读德曼》已于2015年由重庆大学出版社出版。——编者注

谱系学/主体化(Subjectivation)

米歇尔·福柯:《性史(第一卷)》(*The History of Sexuality Vol. Ⅰ*, 1976);《规训与惩罚:监狱的诞生》(*Discipline and Punish: The Birth of the Prison*, 1975)

忧郁(Melancholia)

西格蒙德·弗洛伊德:《哀恸与忧郁》(Morning and Melancholia, 1917);《自我与本我》(*The Ego and the Id*, 1923);《文明及其缺憾》(*Civilisation and its Discontents*, 1930)

询唤(Interpellation)

路易·阿尔都塞:《意识形态与意识形态国家机器》(Ideology and Ideological State Apparatuses, 1969)

女同性恋阳具(Lesbian Phallus)

雅克·拉康:《阳具的意指》(The Signification of the Phallus, 1958)

操演性和征引性

雅克·德里达:《签名,事件,语境》(Signature Event Context, 1972)

J.L.奥斯汀:《如何以言行事》(*How to Do Things With Words*, 1955)

巴特勒大部分的作品通过福柯的视角解读精神分析理论和通过精神分析理论的视角解读福柯(尤其是《权力的精神生活》[*The Psychic Life of Power*, 1997]),特别是西格蒙德·弗洛伊德(Sigmund Freud, 1856—1939)的作品和法国后结构主义精神分析学家雅克·拉康(Jacques Lacan, 1901—1981)的作品,他们关于性、性经验和性别的理论对一些女性主义思想家至关重要。巴特勒的研究在很大程度上被女性主义思想家的作品所塑造，包括存在主义女性主义哲学家西蒙娜·德·波伏瓦（Simone de Beauvoir，1908—1986）、莫尼克·维蒂格（Monique Wittig，1935— ）、露丝·伊里格瑞（Luce Irigaray，1932— ）和美国人类学家盖尔·鲁宾（Gayle Rubin）。阅读巴特勒的著作时，你会发现她反复回到法国后结构主义、马克思主义思想家路易·阿尔都塞（Louis Althusser，1918—1990）的一篇重要文章，在这篇文章中阿尔都塞描述了意识形态和他所谓的“意识形态国家机器”的结构和运作。

巴特勒的思想在一定程度上依赖于这些思想家，但巴特勒经常以一种批判（critique，而不是“批评”）的精神来接近他们，有时则会挪用他们的作品。她在最近发表的演讲《何为批判?》（What Is Critique?，2000）中，讨论了批判精神这一主题。巴特勒既不是弗洛伊德主义者，也不是福柯主义者，亦不是马克思主义者、女性主义者或后结构主义者；我们可以换一种说法：她与这些理论及其政治目标关系密切，但并不以一种单一排他的方式认同其中某个，而是在不同情况下，以最适当的方式、有时是令人意想不到的方式，组合使用一系列理论范式（paradigm）。

## 文本酷儿

因为巴特勒的大量作品都涉及“主体”这个概念，她持续地对它进行分析并因此使它不再稳定（她将这一过程称为“对于性别本体论[ontologies]做批判性的谱系学”），她因此被视为最彻底的酷儿理论家（queer theorist）。我们已经看到，直到 1980 年代末，巴特 8
勒都在研究黑格尔及法国哲学家对他的接受，其结论性作品《欲望的主体》出奇地极少涉及她日后主要关注的问题，即主体在性化的与性别化的权力结构中的形成过程这一问题。然而,三篇在这个时候发表的早期文章,为巴特勒未来的理论方向给出了一个明确指示:《西蒙娜·德·波伏瓦〈第二性〉中的生理性别与社会性别》(Sex and Gender in Simone de Beauvoir's *Second Sex*,1986)和《生理性别与社会性别之辩:波伏瓦、维蒂格与福柯》(Variations on Sex and Gender: Beauvoir, Wittig and Foucault,1987)在很多方面为仅仅几年后发表的《性别麻烦》做了准备,而《福柯与身体印刻的悖论》(Foucault and the Paradox of Bodily Inscriptions,1989)则讨论了福柯在《性史(第一卷)》和《规训与惩罚》(*Discipline and Punish*)中对于身体的话语建构(discursive construction)。巴特勒在《身体之重》(*Bodies That Matter*)中将回到这个问题,并对性的问题展开更多分析(见本书第3章)。

这些文章清楚地显示了对巴特勒最为关键的思想家和理论,也显示了她作品中标志性的福柯思想、精神分析与女性主义的融合从一开始就是她作品的一部分,构成了她理论的"酷儿"特征。事实上,在1980年代,当巴特勒刚开始进入哲学理论界,与她一样,女性主义理论也开始询问"女性主体"(the female subject)这一范畴是不是一个稳定(stable)和自明(self-evident)的实体。受到福柯的影响,一些理论家拒绝了像从前那样认为"生理性别"是由生物因素决定的实体,相反,他们采取了福柯对于性与性经验的历史性论述——它们是如何在不同的文化中历经一段时间而被话语建构的(虽然福柯一直被指责忽视文化差异)。"女人"不再像1960年代和1970年代的女性解放话语中所预设的那样,是一个稳定的范畴;此时,巴特勒、鲁宾和伊芙·塞奇维克(Eve Sedgwick,1950—2009)及其他理论家开始探查性别、性和性经验这些范畴。

因而,酷儿理论诞生于女性主义、后结构主义和精神分析理论的联结(有时这一联结非常困难),而这个联结促进并影响了对于主体这一范畴的持续探讨。“酷儿”[1]曾是一个具有伤害性和侮辱性的词汇，对这个术语的挪用是一种激进的做法,部分是因为它拒绝直截了当的定义。酷儿理论家塞奇维克的名著《衣柜认识论》(*Epistemology of the Closet*)发表于1990年,与《性别麻烦》同年发表, 9
在书中她将酷儿描述为难以区别、无法定义、动态的概念。“酷儿是一个持续的时刻、运动、动机——反复出现的、漩涡般打转的、扰乱的(troublant)”,在她的文集《趋势》(*Tendencies*)中,塞奇维克指出酷儿这个词的拉丁文词根意为穿过(across),来自原始印欧语的词根“torquere”,意为“扭转”(twist),还有英语的“横穿”(athwart)(Sedgwick,1994:xii)。因此,酷儿正代表了文化理论家保罗·吉尔罗伊(Paul Gilroy)在他的著作《黑色大西洋》(*The Black Atlantic*,1993)中所指出的一种强调路线而非根源的理论重心;换句话说,酷儿并不在乎被定义、确定性或者稳定性,而是转变中的、多元的和反对被同化的。

虽然性别研究、同性恋研究(gay and lesbian studies)和女性主义理论可能已经假设了“主体”的存在(也就是,它们可能会说男同性恋主体、女同性恋主体、“女性”、“女性气质”[feminine]主体),酷儿理论则着手探究和解构(deconstruction)这些范畴,肯定所有性化的和性别化的身份都是不确定的和不稳定的。应该记住,酷儿理论在1980年代和1990年代的决定性语境之一是艾滋病(Aids)病毒,许多“异性恋文化”的拥护者因此而反对同性恋,他们中很多人(至今仍有人)将艾滋病视为“同性恋瘟疫”(gay plague)。面对这样猛烈的反应,研究异性恋本身的形成就更为重要,因为这样可

---

1 Queer在英语中原意是“古怪的”、“异常的”,曾是对于同性恋者和性少数的蔑称。——译者注

以揭示那些气势汹汹地将自我呈现为异性恋的、直接的、单一的和稳定的身份,其本身也蕴藏了不稳定的“酷儿性质”(queerness)。另一方面,酷儿理论家主张所有性别化和性化的身份都是不稳定的和不确定的:塞奇维克论述了“同性恋恐慌”(homosexual panic)的概念,以描述异性恋文化面对性身份的多样、变换与不确定性时的偏执(paranoid)反应,而巴特勒则援引弗洛伊德的理论,在她的理论中,将异性恋理解为一种具有“忧郁”(melancholy)结构的身份,异性恋是基于一种由于社会强制而对同性欲望的原初“丧失”(primary loss)或拒绝。忧郁的异性恋是巴特勒对酷儿理论最重要的贡献之一,它示范了酷儿本身作为引发性别麻烦的“运动”(如塞奇维克所说)的要义。事实上,正是在《性别麻烦》中,我们将看到巴特勒对忧郁的性别和性身份的探讨。

## 操演性

操演性将在本书第 3 章中有详细讨论,但在这个阶段,我们可以提前涉及一下巴特勒的这个关键思想。我们已经看到,巴特勒
10 对于“个人”和“个人体验”(如果存在“个人”或“个人体验”的话)不太感兴趣,而是更注重分析单一个体采取他或她的主体地位的这一过程。不同于本质主义者(essentialist)所认定的身份是不言自明和固定的,巴特勒的作品追踪身份在语言和话语中被建构的过程:建构主义的(constructivist)理论并不试图将一切都简化为语言结构,而是乐于追踪一个概念得以涌现(emergence)的条件,在此即主体这一概念的涌现。巴特勒参考福柯,用“谱系学”来描述这种分析模式。简单地说,谱系学是一种历史性研究的模式,它的目标并不是得到真理,甚至不是获得知识。如巴特勒所说:“谱系学不是事件的历史,而是研究所谓历史得以涌现(德语 Entstehung)的条

件,在涌现的那一时刻,涌现与制造(fabrication)最终也难以区分”(RBP:15)。

对主体构成的谱系学研究认为,性与性别都是一定机制(institutions)、话语和实践的*效应*(effects),而不是原因;换句话说,你并不以主体身份创造或造成机制、话语或实践,而是它们通过决定你的性、性经验和性别,从而创造或造成你。巴特勒的谱系学分析集中讨论她称为主体效应(subject-effect)的这一过程如何发生,她也表明,存在多种可能使主体获得不同的效应。如果主体不是一开始就存在于那里的(如一个人生下来就具有主体性),而是在特定的时间中和特定的语境中被*建立*(institute)的(如出生本身便是一个主体化的场景,巴特勒使用过这一例子),那么主体便可能被不同的方式所建立,而不仅仅是强化现有的权力结构。

我们将在之后的章节中看到,巴特勒对于主体这个范畴的谱系学批判,也切合她关于性别化和性化的身份的操演性理论。这里,巴特勒发展了波伏瓦的著名理论洞见:“女人不是天生的,而是后天形成的”(1949:281)以表明,“女人”是我们所“做”的,而不是我们所“是”的。重要的是,巴特勒并*不是*说性别身份是一个表演(performance),因为这相当于说有一个主体或一个演员来进行这些表演,巴特勒反对这种看法,认为表演是先于表演者而存在的;这一论断有悖直觉,看上去毫无可能,使得很多读者都将操演性误解为表演。她自己也承认,当她首次阐述这一理论时,没能足够明 11
确地区分操演性和直接的剧场表演,我们之后会看到,操演性是一个有特定语言学和哲学背景的概念。记住这一点很重要:操演性,正如巴特勒的很多其他理论一样,也像巴特勒所描述的身份范畴一样,本身就是一个变换的概念,在她的几本书中逐渐有所演变。这使得我们很难明确地定义它,但也再一次意味着正是巴特勒的写作形式和方法实现了写作所要表现的理论。

## 主体之死?

在接下来的章节中,这些思想将会得到更充分的探讨,我们也会在其他同样重要的(往往也是同样复杂的)理论的语境中探讨它们。对于许多人来说,"朱迪斯·巴特勒"这个名字仍然意味着性别的操演性(或者如果他们简单化地理解为"性别作为表演")或戏仿(parody)和扮装(drag),尽管这远未反映她的理论所涵盖的范围和深度。事实上,巴特勒的思想在女性主义理论家、同性恋理论家和酷儿理论家之中都有显著的影响,而她的作品所影响的领域也相当广泛。(在"巴特勒之后"一章中,我们将更深入地讨论她的影响力。)

尽管如此,一些巴特勒的批评者们仍然认为她过于注重语言,并因此忽视物质与政治领域,批评者们对此表示很不耐烦,并且指责她消极被动(quietism,即 passivity)、虚无主义(nihilism)和"杀死"主体;最近的一位哲学家甚至宣称巴特勒"与邪恶共谋",这一极端指责至少让我们看到了巴特勒的理论可能激起的一些激烈反应。另一方面,她的理论持续证明着那些构成主体和身份的概念所具有的扰乱和解构的价值,很多读者也在此发现了潜在的政治性颠覆的可能。主体不是预先存在的、本质性的实体,而我们的身份是建构的,这种观念意味着身份也可以重构(reconstruct),而重构的方式可能挑战和颠覆现有的权力结构。巴特勒反复地回到这些议题和问题:权力是什么?颠覆是什么?如何能够区分这两者?

## 风格的政治 12

对于她所称的“《性别麻烦》的普及化”引起的批评性争议，巴特勒曾表示惊讶，说这些争议尽管“很有意思，……但完全歪曲了我本来想说的东西！”（GP：33）。这并不令人吃惊，巴特勒自己也承认她会被曲解和误解，因为她所涉及的哲学概念往往是充满挑战、看上去有悖直觉的，并且她用于描述这些概念的语言往往并不简明易懂。1999年，学术期刊《哲学与文学》（*Philosophy and Literature*）投票将巴特勒选为年度“学术书籍与文章中风格最糟糕的段落”竞赛中的“坏作者”第一名，而在最近几年，巴特勒的文风有时候似乎和她的思想一样容易招来批评。有些情况下，这是因为仿佛抱怨巴特勒的文风就可以不用去理解她的思想，文风也可以成为拒绝她的思想的简单借口。但是，如果你觉得她的写作风格令人愤怒，你也绝不是唯一这样想的读者。她的写作似乎前后反复，充满诘问、影射和暗指，含糊其辞，让你读了几页之后就不禁自问：到底为什么读巴特勒呢？

诚然，巴特勒的作品无论从语言风格上来说还是从概念上来说，都是困难的，但对它们的晦涩和含混，你不用过分感到困扰或完全放弃，即便有时候你觉得自己完全迷茫困惑。的确，与其简单地指责巴特勒文风笨拙，或者说她作为思想家，倨傲地拒绝解释自己的概念，更重要的是认识到巴特勒的文风本身就是她自己的理论和哲学介入的一部分（参见“巴特勒之后”）。作为一个研究语言，并敏锐关注语言含义的思想家，巴特勒不可能没有想过如何使用语言，而鉴于她经常回应关于她文风的批评，我们可以推断，对她而言，这的确是一个紧迫的问题。在1999年出版的《性别麻烦》周年纪念版的前言中，巴特勒承认，对于一些读者来说，这本书是

"古怪而恼人的",因为它并不能立即被消化理解,事实上这本书反而拒绝这样的快速理解。无论如何,巴特勒拒斥了"常识"中认为的"好"文风必须清晰流畅的观点,而认为风格或语法都不是政治
13 上中立的。巴特勒一方面挑战性别规范,认为它们是被语言建构和调节的,如果她不同时挑战用于建立规范的这些语言和语法,那便是自相矛盾了。此外,我们会看到,她进行的研究的一部分就是要制造"麻烦",即让我们关注性与性别的不稳定性和不连贯性及其政治潜力。那么,巴特勒对于语言的使用,也是这一政治策略的一部分,很显然,她的文风是策略性的、故意呈现挑战,而不是头脑混乱的产物。

在《欲望的主体》中,巴特勒描述了另一位出名"难懂"的哲学家黑格尔的风格,如果我们对照着她自己对于语言和文风的想法,这段对于《精神现象学》的描述读起来便耐人寻味:

> 黑格尔的句子将他们传达的含义付诸**实现**(enact);事实上,它们说明,存在是其**实现**的程度。黑格尔的句子难以读懂,是因为它们的含义并不是立即给予或已知的;它们需要被重读,用不同的语调和语法重点来阅读。像一行诗让我们停下阅读,不得不思考诗的写作**方法**正是诗的**内容**的核心,黑格尔的句子通过修辞的方式,将我们的注意力引到它本身。书页上的离散和静态的文字只是一时欺骗我们,让我们以为通过阅读,它们将会释放离散和静态的含义。如果我们坚持要在这样的文字中期待单义的、线性排列的含义的话,我们会发现黑格尔混乱、艰涩、毫无必要地庞杂。但是,如果我们如他所要求的那样,质疑自己对于理智(Understanding)的预设的话,我们会体验到这些句子如何在无尽的运动中组成含义。
>
> (SD:18-19)

“混乱、艰涩、毫无必要地庞杂”正是很多沮丧的读者对巴特勒文风
的体会，但在这里，她认为，这种看似模糊和困难的文风正是文本
所要传达的信息的一部分（实际上，它与文本所要传达的信息密不
可分）。通过仔细和用心地阅读黑格尔（和巴特勒）的文字，可以
说，读者将真正体验到哲学家所描述的“理智”，如巴特勒所言：文
字将它所表示的内容付诸实现，这个思想与巴特勒对于语言的操
演性和表述的想法很接近。此外，像“酷儿”本身一样，巴特勒作品
中最常见的那种运动或情绪，总是可以有多种解释，拒绝被固定在
单一意义上，而因其创造性而容易被“误读”和误解，也是“制造麻 14
烦”的。正是在这个意义上来说，她的文风将文字中所描述的解构
付诸实践，在之后的章节中，我们将更加详细地讨论这种“风格中
的理论”（theory-in-style）如何运作。

## 反对定义

如果巴特勒的文风不仅是政治的载体，而是有效地将它所描述的政治付诸实践，那么很显然，我对于巴特勒理论的讲述，不可能替代阅读原著。虽然我不打算效仿巴特勒独特而高难度的文风，但本书因为篇幅有限，对她的作品所做的介绍也相当有限，我接下来的写作将与她的著作秉持着同样的精神，即开放性结局和拒绝解决或结尾。我并不试图定义巴特勒的理论，读者如果看到看起来像是定义的东西，应该多加注意，因为它们不应是权威或者最终答案。也许这些警告会显得没有必要，因为即便巴特勒自己也不会声称对自己的作品有最终解释，但我还是想提醒读者注意很重要的一点：在对于任何思想家和作者的任何解释中，都会出现挪用的可能性，有时候甚至是粗暴的挪用，尤其是当思想家本身的想法中就具有一些政治挑战的时候。

之后的章节将按照出版时间顺序讨论巴特勒的著作，讨论的重点则是她思想涉及的五大领域：主体、社会性别、生理性别、语言和精神（psyche）。从一个问题到另一个，也许会看到整齐便利的“进展”，但我们已经谈到了巴特勒的著作拒绝这种线性的路数，你也会看到，她的每一本著作中都或多或少涉及这几个主题。我已经描述了巴特勒的写作方式，它如何进入与自身的辩证关系，而这意味着一个文本中所提出和讨论的问题，在下一个文本中会被重拾、重新分析，并有所修正。事实上，巴特勒并不是害怕重复自己的作者，她充分了解重复所具有的颠覆性潜力，有时候，她会充满反讽地引用并再次引用她自己的论点，无论是同一本书中提到的，还是在自己之前著作中所提到的。如我此前所说，这样可以有效地拒绝关闭，保持诠释的民主性和开放结局，但是，在你阅读后面的章节和巴特勒的著作时，你可能会发现你自己在疑惑这一非常独特的文本策略究竟有什么政治功效。如果你在阅读中确实遇到困难或者疑惑，记住巴特勒如何描述“成功”地阅读黑格尔会非常有用：作为读者，我们应该放弃期待得到线性的、“单义”（univocal，即 singular）的内容，而要质疑我们自己的假设，从而“体验到这些句子如何在无尽的运动中组成含义”（SD：19）。

# 关键思想

# 1

# 主　体 19

## 语　境

巴特勒从第一本书《欲望的主体》就已开始了对“主体”的分析。这本书曾有过好几种不同的形式：最早是 1984 年她在耶鲁大学提交的博士学位论文，之后经过两年的修订，论文于 1987 年出版，1999 年再版。在 1999 年再版的序言中，巴特勒称《欲望的主体》是不成熟的作品，出版也太早，她请读者给予这本书“充分的宽恕”，因为这本书现在需要大量的重写和修改（SDII：viii）。一些读者习惯于将“朱迪斯·巴特勒”这一名字等同于对酷儿身份的论述和性别与身体的讨论，对于他们来说，似乎很难想象巴特勒研究过黑格尔和 20 世纪法国哲学，《欲望的主体》中的这一话题显得相当异常。尽管巴特勒自己回顾时也表示这部作品并不充分，但它仍是一部有分量的哲学著作，并且包含了很多在巴特勒后来更出名的作品中被充分发展的观点。

《欲望的主体》探讨了 20 世纪三四十年代的法国哲学家对黑格尔《精神现象学》的接受。在 1999 年再版的序言中,巴特勒解释说,作为一个在德国海德堡大学访问的富布赖特学者,她的学术训
20 练主要是欧陆哲学,研究的关键思想家包括卡尔·马克思(1818—1883)、黑格尔、马丁·海德格尔(1889—1976)、索伦·克尔凯廓尔(1813—1855)、莫里斯·梅洛-庞蒂(1908—1961)和法兰克福学派的批判理论家。在 20 世纪七八十年代,巴特勒对德里达和德曼的后结构主义理论并没有多少研究。她写道,她是在后来的一次女性研究系教师的研讨会上,才“发现”了日后对她影响重大的福柯的著作。离开耶鲁后,巴特勒在美国的韦斯利大学(Wesleyan University)做博士后研究,她开始慢慢接受她此前抵制的法国理论;在修改博士论文时,她添加了一个章节,讨论了下一代法国哲学家——拉康、福柯和吉尔·德勒兹(Gilles Deleuze,1925—1995),这在最开始的博士论文中是没有的。

巴特勒在 1999 年再版的序言中,指出了她早期和后期作品之间的连续性;她表明,她在作品中一直持续着对黑格尔所论述的主体、欲望和承认(recognition)的兴趣:“从某种意义上说,我所有的作品仍然在一系列黑格尔问题的轨道上:欲望和承认之间的关系是什么?彻底的他异性(alterity)如何构成了主体,并包含在主体之中?”(SDII:xiv)。巴特勒在《权力的精神生活》中又“返回”到黑格尔,她也发表过关于黑格尔、女性主义和现象学的文章(见进阶阅读书目)。《欲望的主体》中最重要的也许是探寻主体性是否有必要建立在“自我”(Self)对“他者”(Other)的否定之上,巴特勒后来也多次回到这一问题。

## 批判性思想的主要流派

### 现象学

现象学研究意识，或者说，事物如何呈现给我们。这个词自18世纪开始使用，相关的思想家有19世纪的伊曼努尔·康德(Immanuel Kant，1724—1804)和G.W.F.黑格尔(1770—1831)，以及20世纪的埃德蒙德·胡塞尔(Edmund Husserl，1859—1938)、马丁·海德格尔(Martin Heidegger，1889—1976)、让-保罗·萨特(1905—1980)和莫里斯·梅洛-庞蒂(1908—1961)。

现象学有许多不同的流派，因此很难用一两句话作总结。 21
在胡塞尔看来，现象学的起点是世界在意识中被经历。宽泛地说，现象学关注的是心灵如何感知外部，即对事物本质(essence)的知觉(perception)。

### 法兰克福学派

这一学派包括一系列与1929年成立于法兰克福的社会研究所(Social Research)有关的哲学家、文化批评家和社会科学家。关键人物有马克斯·霍克海默(Max Horkheimer，1895—1973)、西奥多·阿多诺(Theodor Adorno，1903—1969)、赫伯特·马尔库塞(Herbert Marcuse，1898—1979)、埃里希·弗洛姆(Erich Fromm，1900—1980)、瓦尔特·本雅明(Walter Benjamin，1892—1940)和尤根·哈贝马斯(Jürgen Habermas，1929—)。法兰克福学派通常分为三个阶段和两代人。三个阶段分别为历史唯物主义(historical materialism)、批判理论(critical theory)和“工具理性的批判”(the critique of instrumental reason)。哈贝马斯属于第二代，他强调规范基础(normative foundations)和跨学科研究的重要性。

**结构主义**

这一运动主要发生在法国,始于语言学家费尔迪南·德·索绪尔(Ferdinand de Saussure,1857—1913)的作品。关键人物包括人类学家克劳德·列维-斯特劳斯(Claude Levi-Strauss,1908—2009)和文化与文学评论家罗兰·巴特(Roland Barthes,1915—1980)。结构主义,正如其名,集中于结构和系统的分析,而不是内容。

**后结构主义**

这是一个备受争议的术语,有时作为"解构"的同义词。与后结构主义相关的关键人物包括:雅克·德里达(1930—2004),保罗·德曼(1919—1983)和米歇尔·福柯(1926—1984)。解构主义批判希望通过挑战和消解二元对立(binary oppositions)而瓦解西方形而上学,揭示二元对立的唯心主义及其如何依赖于一个本质性的中心或存在。对于文本的结构性解读不追求最后的或完整的意思,因为意义是永远不会自我存在的,而是需要一个持续发生的过程。作者不再被视为文本意义的来源,罗兰·巴特据此在他的同名文章中宣布"作者已死"。

## 22 黑格尔的苦恼的主角

《精神现象学》的德文标题是 Phänomenologie des Geistes,其中"Geist"一词可以翻译为相近的"精神"或"心智"。在这本书中,黑格尔描画了精神不断增加自我意识的进路,最终通向绝对知识。黑格尔的"精神"就像小说叙事的主角,这位英雄(通常是男性)逐渐从无知进展到启蒙和自我认识;虽然精神不完全等同于巴特勒的“主体”,但这两者足够接近,因此在本章中我将会交替使用两者。当代哲学家乔纳森·瑞(Jonathan Rée)将黑格尔所讲的精神的形而上学之旅与荷马的《奥德赛》(*Odyssey*,约公元前750—公元前700)、但丁的《神曲》(*Divine Comedy*,约1307—1321)和班扬(Bunyan)的《天路历程》(*Pilgrim's Progress*,1678—1684)进行比较,每部作品中,主角的旅程上的经验都引领他最终得到更伟大的智慧或基督教的启蒙。瑞写道,黑格尔的《精神现象学》是一个故事,“讲述精神——或者每个人——‘普遍的个体’——走上漫漫旅途,从‘自然’意识的贫乏领域走向绝对知识,并在其道路上逐个经历每一种可能的哲学体系”(1987:76-7)。

尽管《精神现象学》讲述的是精神走向绝对知识的进路,但与我刚才提到的那些叙事不同,它并不是去了什么别的地方,因为它的“旅程”是形而上学的,因此也代表了世界历史的进路。我们可以大致将“现象学”描述为研究事物向我们显现的方式、研究知觉,因此,黑格尔的《精神现象学》就是对于一系列的意识形式的研究。“绝对知识”是对世界本身的知识,在《精神现象学》的结尾,我们会发现,最终的真实在我们的心灵(mind)之中。换句话说,物质世界中的一切都是意识的构建,因此了解意识如何运作、了解我们如何获得知识就尤为重要。只有当心灵发现了真实与心灵不可分割,它才达到了绝对知识,心灵也才能认识到它所努力想要认识的就是它自己。

《精神现象学》也常被类比为“成长小说”(Bildungsroman),也就是关于成长经历的小说。Bildungsroman在德语中意为“形成”或
“教育”的小说,即这部小说记叙的是主角的人格形成或者教育过 23
程。这种小说的例子有弗朗西丝·伯尼(Frances Burney)的《伊芙莱娜,或一位年轻女子进入世界》(*Evelina, or a Young Lady's Entrance*

*Into the World*,1778)、J.W.歌德的《威廉· 迈斯特》(*Wilhelm Meister*,1795)、查尔斯·狄更斯的《远大前程》(*Great Expectations*,1860—1861)和詹姆斯·乔伊斯(James Joyce)的《一个年轻艺术家的肖像》(*Portrait of the Artist as a Young Man*,1914—1915);成长小说似乎通常是男作家所写的,主角也是男性。这些小说描述主角要经过象征性的或真实的旅程,从毫无经验和一无所知通往丰富经历,像班扬笔下的基督徒和伯尼笔下的伊芙莱娜一样,精神在它的教育之路中也犯了一系列错误,在前进的时候承认每一个错误,而在下一个阶段之前都要吸收这一错误给予的教训。

从错误到启蒙到增长的自我认识的进路具有辩证法的特性。“辩证法”是黑格尔哲学中的一个重要词汇(见“为什么是巴特勒?”)。辩证法不是一种哲学方法(虽然有时有人会这么觉得),而是一个运动的过程:从一个看似稳定的位置(正题)运动到其反面(反题),直至这两者达成和解(合题)。在一篇关于20世纪美国诗人华莱士·斯蒂文斯的文章中,巴特勒引用黑格尔对于辩证法的定义:“表面对立的统一 ——更准确地说……两个看似对立的命题之间存在的逻辑和本体论意义上的相互蕴涵的关系”(NTI:269)。换句话说,作出任何论断(“上帝存在”或“澳大利亚是一个大国”)都预设这样的陈述或正题可以被它的反题否认,黑格尔认为,看似对立的命题之间有“相互蕴涵”(mutual implication)的关系。

对《精神现象学》这部“成长小说”而言,一个辩证的运动就意味着从信念出发,经过错误,到承认与经验,最终获得绝对知识的进路。然而,并不是所有的合题都是最终的结局,合题很可能再次开启正题—反题—合题的辩证运动。精神的进路是承认它犯过的错误,所以它的旅程很像蛇爬梯的游戏:蛇要么前行,要么上行,但是在犯错的时候会滑下来,再进入下一阶段(乔纳森·瑞也将《精神现象学》比喻为"一种地图或游戏"[1987:84])。因此,黑格尔的主体是进展中的主体(subject-in-progress),如瑞所指出的,它要 24
建设自己,只有通过不断地破坏自己(像蛇掉下梯子),惊惶地逃离先前的错误,并发现自己已被拆毁(1987:81)。精神在进步的道路上,要否定它所遇到的一切,但并不知道最后是否会有大团圆结局,只有靠逐个经过黑格尔所描述的阶段——感性确定性、知觉、力与知性、自身确定性、斯多葛主义、怀疑主义、苦恼意识、理性、逻辑、心理学、理智——才能到达绝对知识这一最终目标。

## 目标欲望

巴特勒将黑格尔的精神(她认为在黑格尔作品中这一精神总是男性[SD:20])比喻为一个喜剧角色,就像一个卡通人物绝不会被一路上的突变和障碍打倒。"看上去似乎是悲剧性的盲目,其实更像是漫画中的脱线先生(Mr. Magoo)的充满喜剧效应的近视,他因为近视而开车撞向邻居的鸡舍,车撞飞后却总能稳稳地四轮落地",她写道,"像这种周日晨报卡通中的具有奇迹般耐力的角色一样,黑格尔的主角总能重新组装自己,为新的场景做好准备,带着一套新的本体论见解进入下一阶段——然后再次失败"(SD:21)。黑格尔的精神因而是一个充满希望的主体,"一种虚构出来的无限的能力,一位只能从自己的亲身体验来学习的浪漫旅者"(SD:22),但同时,他也是一位蒙在鼓里的、无法实现的角色,像堂吉诃德那样,他在追求真实的道路上不断地与本体论的风车作战(SD:23)。

## 黑格尔：关键词

**精神（Geist）**

黑格尔的 Geist 相当于“精神”或“心智”，它不仅很难翻译，而且作为一个哲学范畴也很难给出一个定义。迈克尔·因伍德（Michael Inwood）在他的《黑格尔词典》（*Hegel Dictionary*）中，给出了“精神”的九个相互关联的定义，包括人的心灵及其产生之物、“主体精神”（the subjective Spirit）、心智、绝对精神（即无限，上帝的自我意识）、世界精神（Weltgeist）、民族精神（Volksgeist）和时代精神（Geist der Zeit）。

**扬弃（Aufhebung）**

Aufhebung 直译为“扬弃”；与“精神”一样，任何定义都难免要简化这个词。因为德语动词 aufheben 包含三个不同的含义：1）提高、拿着、向上抬起；2）撤销、取消、摧毁、解除；3）保持、留下或保存。最后两个含义看上去是矛盾的，但这两个正是黑格尔明确提到的意思。然而，因伍德指出，第一个意义也不能被忽视，因为扬弃之后的产物要高于各部分之和。因此，可以把扬弃理解为将对立的部分统一或进行合题，使得对立的部分同时被消解和保存。你可以试着设想一块砖，和其他的砖、水泥、木材、玻璃等一起用来建一个图书馆。你仍然能看出来这是一块砖，但它现在也是一个更大的结构（图书馆）中的一个必要部分，所以它仅仅作为一块单独的砖的“身份”同时被消解和超越（因为它现在是一个建筑物的一部分，而不是一块单独的砖），也被保存下来了（因为我们仍然可以看到这是一块砖）。

**辩证法（Dialectic）**

这是一种思辨的模式：正题引向反题，这个对立则由合题来解决。巴特勒引用过黑格尔《逻辑学》中的这句话:“只要有运动,只要有生命,只要在现实世界中有作用,就有辩证法”(NTI:282)。

**绝对知识**(Absolute Knowledge)

这是关于“真实存在”的知识;心灵认识到它一直想要追寻和认识的其实是它自己。

**本体论**(Ontology)

关于存在的科学或研究。

欲望促使精神踏上旅程;当他在旅程的各个阶段发现自己的错误时,欲望阻止他直接放弃——这是克服路上的艰难险阻的欲望,但更重要的是这是精神认识自己的欲望。巴特勒引述黑格尔,将欲望描述为不断努力去克服外部差异,而最终会发现这些外部的差异是主体自身的内部特性(SD:6)。换句话说,与欲望密切相 26
关的是意识形成的过程,与主体逐渐增长的自我认识的能力:它是“一种质询式的存在方式,一种对于身份和位置的有形的疑问”(SD:9),在这个语境下,欲望并不仅仅指性欲或是一种“能说清的、有焦点的渴望”(SD:99),而是对于承认和自我意识的欲望。巴特勒指出,德语的欲望(Begierde)一词,既指动物的欲望,又指哲学的欲望,她认为黑格尔在《精神现象学》中所描述的欲望正是如此,主体通过承认和克服差异,最终认识自己(SD:33)。

在《欲望的主体》导言中,巴特勒描述了欲望对于历代哲学家的重要性,探寻欲望究竟是否合理、是否道德,它对于哲学来说是一个可能的哲学问题(SD:3),还是哲学上危险的“非理性的原则”

（SD：3）。巴特勒认为，只有当欲望是道德问题时，哲学的生活才是可能的；在接下来的研究里，她讨论了两代法国哲学家如何接受、修改或质疑黑格尔关于欲望和主体的观点。在接下来的阅读中，请记住这里欲望的意思是认识的冲动和前文所说的对于自我意识的欲望。

## 自我与他者

黑格尔写道，只有通过承认和认识他人，"自我"才能认识自己；所以欲望总是对于"他者"（Other）的欲望，而归根结底则是对于主体自身的欲望（SD：34）。在《精神现象学》中有两种欲望的模式：对他者的愿望会导致失去自我，而对自己的欲望（或者说，自我意识）则导致失去世界（SD：34）。主体只能通过他者来认识自我，但在承认自我和构建自己的自我意识的过程中，它又必须克服（overcome）或消灭（annihilate）他者，否则它会将自己的存在置于险境（SD：37）。换句话说，欲望无异于对于他者的摄入（consumption）。

这样看起来，自我意识似乎始终是一个否定性的、破坏性的过程，巴特勒不止一次将精神描述为比喻意义上的（和形而上学意义上的）饥饿：在《欲望的主体》导言中，她谈到"黑格尔式的主体是自
27 给自足的、有形而上保障的（metaphysically secure）精神，这位来者不拒的探险者，最后会发现在自己辩证的路上遇到的所有惊奇，原来都是他自己"（SD：6）。我们仍需要强调一下，这里不是说动物式的饥饿或欲望是精神的驱动力，这里所说的摄入指的是与他者相遇并将其吸收入自我的一种手段。黑格尔的"扬弃"一词描述的就是这个过程，这个词被粗略地译为"废弃"（supersession）或"否认"（sublation），它同时具有三层意思：抬起、取消和保留——尽管

这些意义看上去不可调和。巴特勒将扬弃视为欲望的“发展序列”,“摄入欲望,对承认的欲望,对他人欲望的欲望”(SD:43)。精神只有通过扬弃他人才能承认自己,这个征服或克服的关系由黑格尔在《精神现象学》“主奴关系”(Lordship and Bondage)一章中作了描述,对后来哲学影响很大的*主奴辩证法*(master/slave dialectic)即出自此。

## 主奴关系

在《精神现象学》的这个重要章节里,黑格尔声称,自我意识只能通过他人来认识自己,而这个通过他人认识自我的过程并不是直截了当的,因为自我要去克服的他者实际上也是自我的一部分(1807:111 )。自我意识发展到这个阶段时,在一种否定性的自恋(negative narcissism)中分裂、失去和异化,其特点是(对自我的)暴力和仇恨。要注意的是,这里所说的并不是字面意义上的两人对峙,而是分裂的意识中的自我有两个相反、对峙的部分。黑格尔将这意识的“两半”描述为“不相等,并且相对的……一个是独立的意识,其本质特征是自为的存在(to be for itself),另一个则是从属的意识,其本质特征则仅仅是要活着,或者说是为他的存在(to be for another)。前者是主人,另一个是依附者”(1807:115)。黑格尔认为主人是一个自我完整的意识,但他又需要他人的意识来维持他自己的独立性,这看上去似乎自相矛盾,也就是说,主人需要奴隶,来确认他自己的自我。另一方面,奴隶在忙碌地工作,通过他的劳动而达到了“纯粹的自为存在”(1807:117)。奴隶不仅不会被他的劳动所异化,反而会在创造对象的过程中承认自己的意识独立;相 28
反,如果主人想要认识自己,他就必须同时消灭奴隶和奴隶劳动所用之物,欲望再次在这里成了驱动的力量(1807:109)。

巴特勒将主人与奴隶之间的对峙描述为一种生死搏斗，因为“只有通过他者的死亡，最初的自我意识才能实现它所要求的自主性（autonomy）”（SD：49）。自我意识想要克服的他异性（Otherness）实际上是它自己的他异性，它只是在奴隶身上面对了它，因此，自我意识必须不断地消灭自己，从而才能认识自己。自我与他者不仅密切相关；实际上，它们就是彼此，通过相互承认，它们才使对方得以存在。巴特勒认为，如果自我与他者是互相创作（author）的，那么欲望就不像前面讲的那样是纯粹的摄入行为，而是两个自我意识之间模棱两可的交流，通过这个交流，双方得以确认它们同时具有自主性和与对方相疏离（SD：50-1）。

巴特勒将这场生死搏斗描述为一种情欲的相遇，在这里，与自己对峙的主体试图克服他们的身体界限，以期认识对方从而认识自我。此时，主人的欲望是生命，而死则意味着欲望的终结；而奴隶也表达出通过劳动来生存的欲望。然而，与主人不同，奴隶发现他可以在外部世界中找到自己的反映，从而赢得独立和自由。而随着主人获得认识，同时奴隶又获得自由，这两个主体一开始所担任的角色逐渐逆转。

这样看来，这里有两条欲望的线索：一种欲望是被另一个自我意识所承认，从而承认自己；另一种欲望则是改造自然界，以获得自主性和自我承认。我们既通过我们的身体（我们以身体的形式居于世界）又通过工作（我们在世界中创造形式）来获得承认，因此主体性、劳动与社群很显然有着重要的联系。的确，主体只有在社群中、属于一个社群，才能够找到自己的身份，巴特勒认为，“主体性只能在社群中、得到社群提供的相互承认才能发展，我们不可能仅凭单独工作就完成自身，要承认是他者的目光（look）肯定了我们”（SD：58）。

29 我们在稍后讨论法国哲学家对于黑格尔的《精神现象学》的诠

释和概念分析时，还会回到这个关键点来。精神是一个集体的(collective)实体，如果孤立于社会就不会产生或存在，精神对他者的欲望是为了确立自己的主体间性(intersubjectivity)(SD：58)。巴特勒将此称为“重述欲望，使其成为历史身份和历史场所的叙述”。《欲望的主体》接下来详尽地分析了20世纪法国哲学家对于黑格尔式的主体的解读和重构，“处在集体身份的边缘挣扎的个体”需要他者的承认，而通过否定他者，他得以认识自己(SD：58)。

## 破碎的精神

如果把《精神现象学》比作一部成长小说，主体这个主角踏上了寻找绝对知识的旅程，《欲望的主体》则是一部倒过来的成长小说，黑格尔式的主体看似连贯并自我一致，这一主体在法国20世纪相继两代哲学家的作品中被解体。巴特勒的观点即是这样，她自己的哲学“叙事”则描述了这些哲学家的理论如何打破黑格尔的强悍和自给自足的探险者，粉碎其统一性。巴特勒对于法国哲学家对黑格尔的接受的分析，始于哲学家亚历山大·科耶夫(Alexandre Kojeve，1902—1968)，他的重要著作《黑格尔导读》发表于1941年。巴特勒接着分析让·伊波利特(Jean Hyppolite，1907—1968)的“黑格尔式反思”、让-保罗·萨特(Jean-Paul Sartre，1905—1980)、拉康，以及下一代哲学家德里达、德勒兹和福柯，结尾则是关于朱莉娅·克里斯蒂瓦(Julia Kristeva，1941— )的一个简短的章节。

20世纪三四十年代的法国重燃对黑格尔的兴趣，巴特勒将科耶夫、伊波利特和萨特置于这一背景中，讨论在这个充满了错位、形而上学的破裂和本体论意义上的孤立(即当时的世界战争)的历史时期，黑格尔自我同一的、“有形而上保障的”主体是否仍然是一个可行的哲学理念(SD:6)。而下一代哲学家——拉康、德勒兹和福柯——则明确认为黑格尔式的主体在哲学上是不可能的,对他们来说,黑格尔曾认为主体是连贯的本体论实体,而欲望正指示出
30 主体的断裂。然而,巴特勒认为,这些思想家误读了黑格尔对于主体性的论述,并且虽然他们试图“克服”黑格尔式的辩证法,他们仍然停留在辩证的分析模式中。

正是在这个意义上,巴特勒认为《欲望的主体》描述的是黑格尔式的主体在 20 世纪法国“旅行”的“谱系学”(genealogy),但巴特勒强调黑格尔的主体并不像这些哲学家所形容的那样:“黑格尔的主体并不是自我一致的,从一个本体论观点得意扬扬地进展至下一个;它就是它的进展,它是它经过的每一个地方”(SD:8)。“*内在关系论*”(the doctrine of internal relations)这个哲学术语描述的就是这样的一个身份/同一性(identity),它所接触到的所有东西共同构成了它。巴特勒认为,虽然内在关系论给予了主体自主性,它却缺乏固定的界限,这意味着,它从一开始就并不是看上去的那么稳定。黑格尔的主体便是这样一个进展中的主体,其不稳定性和可渗透性使得它不可能固定或终结于世界上的某个地方;这个主角的历程被巴特勒称为“错误连连的喜剧”,它的旅程(或者说,它的戏剧性)包括了不断重复的错误、误解和自我重建。

## 超越辩证法

巴特勒在《欲望的主体》中所分析的这些 20 世纪法国哲学家都试图在哲学模式上超越黑格尔的辩证法。在《欲望的主体》中,巴特勒对此并未详细解释,但是在一篇几年后发表的论文中,她明确谈到了为什么 20 世纪的哲学家,特别是那些后结构和后现代思想家,要否定黑格尔,拒绝“黑格尔对于对立的辩证统一的浪漫预设”;巴特

勒也认为，20 世纪的哲学思想中再次出现了没有合题的辩证法(NTI:269)。虽然 20 世纪的哲学家可能仍然向往黑格尔预设的那种统一，但他们都意识到了“对立面的辩证统一”的概念站不住脚，尤其是因为后结构主义将语言视为充满诸多可能的意义的开放场域，语言的重点在于其差异而非统一，在于开放的诠释而非封闭。

现在的问题是，20 世纪的法国哲学家能否不使用辩证的哲学 31
方法而拒绝或否定黑格尔，也就是说，拒绝黑格尔能否不使用一种黑格尔式的哲学方法。巴特勒反复指出这些思想家在拒斥辩证法的时候，他们自己所使用的正是辩证的推理模式，她还认为，黑格尔并不应被指责为一位归纳和统一的思想家，因此现象学也可以为女性主义理论提供一些帮助。

**结构主义和后结构主义**

结构主义语言学家费尔迪南·德·索绪尔(1857—1913)的语言理论，认为语言是一个差异的系统，而没有明确的形式。**符号**(sign)(如“树”这个词)与它的**指称**(referent)(在公园里生长的那种生物)之间没有内在联系，符号的意义只能来自它在一个整体的语言系统中的位置。**能指**(signifier)(如“树”)与其他相关的能指之间存在着差异，而它们与**所指**(signified)(即它们所指称的事物)之间并没有**必然的**联系。也就是说，语言是一个**差异的系统**。后结构主义思想家虽然在很多方面与索绪尔不同，但是继续发展了差异性的观点：如雅克·德里达的延异(différance)同时表示延迟(deferral)和差异(difference)，意思是意指(signification)作用的发生依赖于所指的不在场。意义被无穷地推迟，于是可以认为语言是一个开放的符号系统，意义永远不会自我显现或者最终确定。

## 科耶夫、伊波利特与萨特

巴特勒在《欲望的主体》中所讨论的 20 世纪早期的法国哲学家在 20 世纪三四十年代集体转向了黑格尔，这并不是一个巧合：在此之前，法国思想界对于黑格尔的兴趣似乎不大；巴特勒认为，黑格尔的吸引力在于他的作品满足了此时此景下的政治和哲学需求（SD：61）。巴特勒援引法国现象学家梅洛-庞蒂在 1946 年所说
32 的“过去一个世纪所有伟大的哲学思想——马克思哲学、尼采哲学、现象学、德国存在主义和精神分析——都起源于黑格尔”（SD：61），虽然巴特勒质疑他将所有后续哲学归结为一个来源有“夸大其词”之嫌，她仍认为这个说法体现了当时思想界的一种气氛。

《欲望的主体》的第二章题为“历史的欲望：黑格尔在法国的接受”；这章首先分析了科耶夫的《黑格尔导读》中的欲望和历史能动性（agency），然后讨论了伊波利特对于科耶夫解读黑格尔的解读，以及萨特对于黑格尔式的主体的存在主义重构。巴特勒认为这三位哲学家部分地造成了思想界所说的“黑格尔主义在战后法国的胜利——用流行的存在主义迫使它的胜利”（Eribon 1991：19），他们与同时代的哲学家和之后的哲学家之间的关系都值得注意。

伊波利特与萨特和梅洛-庞蒂于同一时代都身处巴黎高等师范学校；从 1933 年到 1939 年，科耶夫在这里开设了黑格尔的课程，拉康和梅洛-庞蒂都上过这门课，而伊波利特则短暂地教过福柯。乍一看，你可能会疑惑我们为什么要读巴特勒解读的 20 世纪哲学家解读黑格尔；很关键的一点是在你阅读的时候，请记住：这些思想家都在拒绝和修改黑格尔对主体的论述，而每个思想家重构黑格尔式主体的方式都表现了他们写作时的哲学时代。

### 存在主义

存在主义哲学运动在第二次世界大战后的欧洲尤为盛行。存在主义的思想家包括让-保罗·萨特(1905—1980),阿尔贝·加缪(1913—1960)和西蒙娜·德·波伏瓦(1908—1986)。马丁·海德格尔(1889—1976)和莫里斯·梅洛-庞蒂(1908—1961),有时也被称为存在主义哲学家。与现象学类似,存在主义不是一个运动或一个哲学学派,存在主义的思想家们提出了许多不同的观点。

存在主义者往往更强调个人的独一无二,而不是抽象地分析人类的特质。人不能由哲学或心理学的学说而定义,因为人们要做怎样的人,是自己的选择。这意味着他们必须为自己的性格和作为负责,而不是责怪自己无从控制的外部因素。萨特强调个人是一切价值的来源,他认为个人有责任作出自己的生 33
活选择。要意识到这种自由,是“本真存在”(authentic existence)的条件之一,而生活在自欺(bad faith)中的人则欺骗自己说自己的行动是注定如此,从而试图逃避焦灼、孤独和恐惧。人类的处境正是体现在这些焦虑(anguish)的时刻中,而存在主义更看重以真诚(sincerity)和创造性为核心的道德。

在后来被编入《黑格尔导读》的这些课程中,科耶夫将黑格尔的《精神现象学》的主题解读为人的欲望和人如何努力满足这些欲望。科耶夫认为主奴辩证法被欲望(存在的欲望)所驱动,主人与奴隶的这段辩证的关系最终会引致奴隶通过劳动获得解放。科耶夫对《精神现象学》的解读一直被视为一种人类中心主义、存在主义和“无神论”的解读,将黑格尔挪为己用,而不是对于黑格尔精神的确切解读:这是因为科耶夫并不期待辩证法的最终解决会是绝对知识,而是预期“历史的终结”(the end of history),这一观点常被认为是“后现代”思想家的特征,而科耶夫则被认为与这些后现代思想家有关(如福柯、德勒兹和德里达)。由于科耶夫强调历史性(historicity),而不是永恒,他自己对于黑格尔的解读也是后历史的,即他从马克思主义人文主义的视角出发,强调《精神现象学》本身的时间性,将其中的精神的概念替换为“人”(受人文主义影响),而将其中的上帝替换为人自己的投射(来源于马克思主义思想中的一支)。当历史终结,人意识到上帝是人的创造,从而克服了自己的异化,并同时直面自己的有限性。当生命直面死亡的结局,并且没有外在的神圣存在可以依赖,这就是“历史的终结”,这也是通往存在意义上的自由的唯一道路。

巴特勒指出,科耶夫强调时间性和历史性,从而使《精神现象学》有了多样解读和新诠释的可能性,并且点明了每一种解读本身的历史偶然性(SD:ix)。巴特勒对于科耶夫《黑格尔导读》的分析侧重于他所说的欲望主体的“英雄主义”,这一英雄主义贯穿于主体对意识的追求,体现于他与他者的不断的辩证关系。科耶夫的主体通过欲望而认识自己,而欲望只能通过否定他者而得到解决,所以,就像《精神现象学》一样,我们再一次遇到了两个相互冲突的
34 主体性(主人与奴隶)都试图取消对方。科耶夫认为这一相遇是特定历史中的,因此欲望是永远不会被解决或者克服的,因为历史并没有真正的终结。巴特勒认为,这种观点使得科耶夫不再囿于黑格尔《精神现象学》的目的论,所以在《黑格尔导读》中能够将辩证法描绘为一种没有终点的运动,而不是向着最终结局或者最终目的(telos)的运动。科耶夫的主体的“英雄主义”就在于它代表着个体性战胜了集体性,这种形式的个人主义被巴特勒称为“相当于民主化的马克思主义”,这种民主化的马克思主义追求的是一个理想

的黑格尔式的社会，使个体性与集体性实现辩证的协调（SD：78）。

下一代哲学家承认科耶夫理论的重要性，他们自己的关于历史、黑格尔和欲望的主体的探讨也受其影响。伊波利特再次表述了科耶夫对于“人的精神的英雄主义叙述”（SD：79），他的主体则被巴特勒视为悲剧性的，而非喜剧性的或英雄主义的。伊波利特的《黑格尔〈精神现象学〉的起源与结构》（*Genesis and Structure of Hegel's 'Phenomenology of Spirit'*）于1946年在法国出版，而他翻译的《精神现象学》在此前已经出版（1936—1942）。巴特勒指出，伊波利特的观点之所以有力，是因为它采用回溯的视角，呈现出黑格尔的现象学“叙事”本身的历史性。巴特勒认为，“只有从超越《精神现象学》的视角，才能看清楚这个文本自身的历史起源”；因此在科耶夫的解读中，他强调时间性和历史性（SD：80）。与科耶夫一样，伊波利特质疑《精神现象学》的目的论：如果拒绝这本书里所说的终极目的，也就意味着拒绝一种固定的和最终的“绝对”和“存在”，而将“存在”视为一种通过差异而“生成”（becoming）的过程，将“绝对”视为是开放、未完成的（SD：84）。伊波利特从而看重生成，而非存在，他将欲望视为自我与他者之间的一种交换，而非暴力的对抗。自我通过遇到他异性（alterity）或差异而重新恢复自己。对伊波利特来说，欲望和自我意识的问题的核心，便是如何在他异性当中维持自己的身份/同一性（identity）（SD：89）。

本章中巴特勒最后考察的哲学家是萨特，对他来说，意识的形成是一个逐渐具身化（embodiment）的过程。科耶夫认为欲望的主体囿于物质的“抽象性”（意即他们缺乏身体）（SD：78），巴特勒认为萨特的主体则是“一个具身化的、定位于历史中的自我”（SD： 35
93）。对于科耶夫和伊波利特所遇到的欲望主体的历史性和时间性的问题，萨特认为，欲望只有通过想象力才能够得到满足（SD：96）。巴特勒写道，对于萨特来说，“人的欲望永远[是]创造虚构世界的方式"(SD:97;强调为巴特勒所加):写作是非限定性的活动,这意味着,萨特可以像此前几位思想家一样辩证地解决黑格尔式的统一,而他的存在主义主体则缺乏统一和结束,这一缺乏正是他写作的主题和他文学作品的基础(SD:98)。对于萨特,欲望是在文本中的自我创造,也是承认自由的一个机会;巴特勒指出,萨特在对法国作家让·热内(Jean Genet,1910—1986)和古斯塔夫·福楼拜(Gustave Flaubert,1821—1880)的文学再现中探讨了这个主题。在萨特这里,《精神现象学》中所描述的生命的欲望变成了书写自我的欲望。福楼拜和热内的作品中的角色代表了生命的欲望,而这些作品本身都是欲望的产品,因此他们都涉及了萨特的《存在与虚无:论现象学的本体论》(*Being and Nothingness: An Essay in Phenomenological Ontology*,1943)中的核心问题——关于欲望与承认的问题:认识另一个人是否可能,以及那个人在多大程度上是被这一认识所创造的?(SD:156)

## 延异和增殖

巴特勒着重分析了福柯和德里达的两篇重要论文,在这两位哲学家的思想中,出人意料地找到了"黑格尔的影响":巴特勒认为,福柯的论文《尼采、谱系学、历史》(Nietzsche, Genealogy, History,1971)批判了辩证的历史哲学,是对黑格尔主奴关系的重写;而德里达在伊波利特的课上发表的论文《深坑与金字塔:黑格尔的符号学导论》(The Pit and the Pyramid: An Introduction to Hegel's Semiology,1968)则是对黑格尔符号理论的批判。

先来讨论第二篇论文。我们已经看到,对于黑格尔式的主体,差异是至关重要的,因为他必须面对和克服他者的差异性,才能认识自己。德里达在语言学的语境中,将差异表述为延异,这是他根据法语的“差别”和“延迟”两个词所自造的带有双重含义的一个术语。瑞士语言学家费尔迪南·德·索绪尔(1857—1913)的《普通语言学教程》(*Course in General Linguistics*,1916)被广泛认为是结构主义和后结构主义的理论基础,从该理论出发,德里达发展了延 36
异的概念:意义从来都不是独立存在的,而总是取决于不在场之物,因此,我们可以说,德里达认为,语言中没有具体的项,只有差别。巴特勒在《欲望的主体》中这样解释:“德里达的结论是,意指即符号和它的所指之间的‘差别’,而每当语言想要跨越自己与纯粹被指之物之间的本体论鸿沟时,意指作用的局限便显现出来”(SD:178)。不存在一个“纯粹的被指之物”,或者说一个自身便有所指的词,因为词语的意义完全取决于它们在意指结构中与其他词语的关系(参见第 31 页的方框[1])。

在巴特勒看来,德里达提出符号无法独立完整,是对于黑格尔的挑战,因为它揭示了主体想要达成独立完整的“野心”是不可能实现的。如果主体在语言中被建构,而如果像德里达所说,语言本身是不完整并开放的,那么主体自己也不会完整(SD:179)。德里达所说的进展中的符号的偶然性,确实就像黑格尔所说的进展中的主体,是一个辩证的旅者,它的存在只在于它过去、现在和未来的旅程的总和,唯一的重要区别是:对于德里达来说,符号永远不会到达一个绝对意义或绝对意指的终点,而我们知道,黑格尔的主体的旅程有一个最终目的地——绝对知识。

如果说德里达从黑格尔转向符号学(即将语言视为符号系统的理论)(SD:179),那么福柯则是转向了另一位哲学家弗里德里希·尼采(Friedrich Nietzsche,1844—1900),尼采的著作《论道德的谱系》(*On the Genealogy of Morals*, 1887)提供了不同于黑格尔的另

---

1　此为原书页码,读者可根据本书页边码查找,后同。——编者注

一种理解历史与权力的模式。巴特勒将福柯的文章《尼采、谱系学、历史》描述为“对于黑格尔式画面的尼采式改造”(SD：180)，在其中福柯既挪用又拒绝了黑格尔式的辩证策略。福柯的大部分作品涉及权力及其有效利用的理论化形态，而在《尼采、谱系学、历史》中，他明确地将权力与历史和历史化的方式联系起来。福柯的出发点是黑格尔式的单一的主奴统治场景，他认为权力结构并不被边界框住，而是无所不在，并不只有禁止(prohibitive)一种形式，而是不断生成(generative)。换句话说，对于福柯来说，权力不是从一个或某个单独的源头发散出来，也不是以单纯压迫的方式运作。
37 同样，福柯也不认为历史的起源和目标是统一的，而是将历史描述为纷争、差距和力量的斗争(1971:79)。辩证统一总会被这样无始无终的冲突所超越，而福柯历史分析的模式，或者说“谱系学”，则特意寻找差异和异质性(heterogeneity)，以推翻福柯所说的“充满恶意的知识意志”(1971：95)。

德里达和福柯似乎已经打破了黑格尔的辩证法，前者强调符号的多样性，后者则强调权力和历史的多重性和流溢。对于这两位思想家来说，差异和不一致的存在削弱了任何身份/同一性(identity)得以确立的尝试，而黑格尔的扬弃——扬弃异而求同——则被认为是否认差异和一种掩藏的策略，为的是提出一个虚构的自我同一的主体(SD :182)。这是否算是“突破黑格尔”？这两位哲学家能被称为“后黑格尔”哲学家吗？巴特勒认为，使用“后”这个字，并主张与过去决裂，这本身就是一个辩证的举动，所以“想要‘打破’黑格尔几乎都是不可能的，因为黑格尔已经使‘打破’这个动作本身成了他的辩证法的核心”(SD:183-4)。如果想要非辩证地突破黑格尔，她指出，福柯和德里达需要找到一种方式能够区别于黑格尔，而又是黑格尔哲学思想中所未包含的；在接下来的章节中，巴特勒通过他们对黑格尔式主体的“死亡”的讨论，考察了拉康、德勒兹和福柯的思想如何进一步打破辩证思维。

## 爱、缺乏与语言

与德里达一样，拉康也从语言的构成这一角度上来讨论主体，因而再次使得黑格尔式的、看似本体论上完整的主体成为不可能。在拉康这里，主体只有在婴儿时期才有可能接近完整，因为在这个阶段的主体并未在禁令之下压制自己的乱伦欲望。“父亲的律法”(the law of the father)规定了乱伦禁忌，婴儿因此被迫压抑(repress)其首要的欲望，这些被压抑的冲动打开了无意识(the unconscious)并留在了无意识中。父亲的禁止(paternal prohibition)发生的同时孩子进入语言，或者说，从语言前的状态(即想象域[imaginary])进 38
入语言状态(即象征秩序[symbolic order])。乱伦禁忌和语言习得开启了这一主体的存在，其特点是缺乏、丧失(loss)和一种欲望——渴望重获被禁的欲望[1](the desire to regain those prohibited desires)。巴特勒认为，欲望的主体是禁止的产物(SD:187)。这个观点在她后来的《性别麻烦》(*Gender Trouble*)中讨论性别、性与性经验时将起到重要作用。

拉康的主体被缺乏和无法实现的欲望撕裂，显然与黑格尔所说的一目了然的、毫无裂隙的意识很不一样。一旦我们承认无意识的存在，就不可能再去想象一个自我同一的、连贯一致的个体，因为构成主体、仍然决定主体一致性的那些欲望，对于主体自己来说都是不可知，甚至不可言说的。尽管如此，巴特勒仍主张拉康对于黑格尔式的主体有所误解，无视其喜剧性质和未完成性，而将这

---

1 在英文中，“desire”既是动词也是名词，并且“desire”还是巴特勒承继黑格尔的重要概念，她十分强调此词的词性多样。而在中文中“欲望”无法作为动词使用，因此根据用语习惯，对于动词的“desire”，一般翻译为“渴望”，请读者在阅读时将两者理解为同一个词。——译者注

样一个实际上不固定和不完整的主体，错误地理解为一目了然的和完整的(SD:196)。

德勒兹和福柯都不同意拉康将主体视为缺乏和丧失，也不同意拉康将律法(对拉康而言，是“父亲的律法”)视为单纯禁止。巴特勒指出，德勒兹认为欲望不断生成，并具有创造性，而不仅仅是受到禁止，事实上，他认为拉康的缺乏的欲望(desire-as-lack)这一概念是资本主义意识形态的产物，用来将社会和性的压迫及现有的社会秩序加以合理化从而得以延续(SD:206)。像福柯一样，德勒兹也转向尼采，拒绝了他所认为的黑格尔主义中隐含的“奴隶道德”(slave morality)和主奴之间的对抗。德勒兹将主体描述为尼采式的超人(Übermensch)，认为主体不需要靠对抗自己的反面来认识自己，因为超人可以定义自己，无须依赖他人。像福柯一样，德勒兹也将权力视为多样的，而不是单一的，因此权力的运行无法被包含在辩证统一里(SD:208-9)。

巴特勒认为，德勒兹也误读了《精神现象学》，忽视了它结束时的“酒神式的(bacchanallian)狂欢”与“欢庆的结尾”(SD:209)。此外，德勒兹拒绝黑格尔的辩证法，认为它是反生命的，巴特勒则认为，德勒兹将欲望视为一个勇敢的力量，等待着被恢复和被释放，这个看法过于唯心主义，忽略了拉康关于所有的欲望都是在语言
39 和文化中被建构的洞见，也忽视了福柯的类似的观点：律法之外并无自动的欲望。因此，在巴特勒看来，“无论拉康还是德勒兹，都仍未摆脱欲望的形而上学幻景，以为欲望是绝对内在的体验”(SD:216)。

和德勒兹一样，福柯也认为作为缺乏的欲望是一个文化的建构，但是他认为，我们不需要一个来自律法之外的勇敢的力量来颠覆律法——律法自身就含有颠覆和增殖的可能性；关于这个观点，我们将在第2章“性别”中探讨一些具体的例子。这是“广义的辩

证法”(SD :217):颠覆律法的可能性不在律法的辩证对立面,而是在律法之内的具有策略性的位置。巴特勒认为,即使福柯将权力视为分散和多元的,这种看法仍然具有辩证的色彩,因为权力仍旧是相对于其他事物而存在的,巴特勒认为,这使得福柯可以称得上是“削弱了的辩证”,他的辩证法不包含主体,也没有目的论。尽管福柯的作品打破了二元结构(SD :225),福柯本人却通过司法的权力和具有创造性的权力、生命和反生命、肯定与否定之间的区别构成了二元对立。同样,德勒兹也将文化的构建作为缺乏的欲望对立于勇敢的、自我定义的、等待释放的、尼采式的欲望,从而也构成了二元对立。这些当代哲学家进行了尝试,但他们似乎并未做到摆脱黑格尔的辩证法的哲学结构。在这些哲学家中,福柯对于辩证法的理论,最接近于巴特勒自己写作中所使用的有所改动的辩证法。

## 进入历史

巴特勒在《欲望的主体》最后一章中所讨论的四位思想家都未能摆脱黑格尔的辩证法;哪怕他们只想逃避辩证法,而逃避它正是与辩证法对立,因此是一种辩证的举动。此外,德里达、拉康、德勒兹和福柯对于主体性的思考,似乎也需要黑格尔的主体作为基础;巴特勒说道,“我们惊奇地发现,即使是最顽强的后黑格尔哲学家,似乎仍然忠实于黑格尔式的由斗争开场的欲望主体”(SD:230)。通过讨论克里斯蒂瓦,巴特勒总结了自己对于后黑格尔的主体理论的看法。

巴特勒只在《欲望的主体》最后几页才引入克里斯蒂瓦的理 40
论,并且她在此进行的关于性别与主体的分析也像是“最后突然想起来的”,这似乎有些奇怪。(在她的另两篇论文中,巴特勒讨论过现象学对于女性主义理论和实践的意义:《性意识形态和现象学描述:对梅洛-庞蒂〈知觉现象学〉的女性主义批评》[Sexual Ideology and Phenomenological Description: A Feminist Critique of Merleau-Ponty's *Phenomenology of Perception*, 1989]和《操演行为和性别构成:论现象学和女性主义理论》[Performative Acts and Gender Constitution: An Essay in Phenomenology and Feminist Theory, 1997]。)事实上,这是巴特勒第一次提出黑格尔的主体的性别问题,她援引了使用性别视角来批判黑格尔的法国哲学家克里斯蒂瓦。巴特勒认为,克里斯蒂瓦理论中的身体是"一系列本能(drive)和需求(need)的异质的组合",这一理论从根本上不同于将身体视为单一实体的理论(SD:232)。福柯和克里斯蒂瓦都认为,黑格尔的欲望的话语应该让位给关于身体的话语;有趣的是,巴特勒认为这种对于欲望主体的批判和对于身体的历史书写,会成为哲学未来的方向,标明"黑格尔式的欲望叙事的彻底终结"(虽然巴特勒的说法听起来像是在达成辩证的统一)(SD:235)。

巴特勒批评福柯缺乏对于"复杂历史情境中的具体身体"的分析(SD:237),她认为,如果我们想要更清晰、更具体地了解欲望,我们需要的是身体的历史,而不是将文化简单理解为强加在身体之上的律法(SD:238)。不过,《欲望的主体》最后并未提供这样的历史(大概因为篇幅所限),而是出人意料地结束在欲望主体的建构与喜剧性的讨论:"从黑格尔到福柯,欲望似乎使我们成为奇怪的虚构的存在",她写道:"而只有承认的笑声才能提供真知灼见"(SD:238)。要想跳出辩证法,看起来只能通过戏仿式(parodic)的增殖,我们将在巴特勒的下一部关于主体的重要作品《性别麻烦》中再次看到这个观点。

## 小　结 41

《欲望的主体》分析了两代法国哲学家对黑格尔《精神现象学》的接受。黑格尔的精神在通往绝对知识的道路上，否定它所遇到的一切，克服障碍，从而走到下一个发展阶段。虽然精神遇到无数的困难，但他一直被追求承认和自我意识的欲望所激励。想要不断前进，只有通过克服差异，这又涉及消灭他者。在两代法国哲学家对《精神现象学》的阅读中，他们倾向于认为黑格尔的精神是自我同一的、连贯一致的，而巴特勒认为，是这些哲学家自己构建了一个黑格尔式精神的版本，以便可以在自己的哲学中脱离和取代它。虽然这些哲学家都试图打破黑格尔的体系，但他们的话语仍然未摆脱否定，因此未摆脱辩证法的结构（正题—反题—合题）。

科耶夫对《精神现象学》的马克思主义解读试图走出黑格尔，预测历史的终结和神的终结，而伊波利特则将黑格尔的绝对理解为一个开放式的、未完成的过程。萨特认为，黑格尔描述的欲望只能通过富有想象力的艺术而满足，存在主义的行动者会用无统一性来作为自己写作的题材和文学的基础。

下一代哲学家继续探讨黑格尔的主体：拉康认为主体是分裂的，而对德里达来说则是错位的，福柯和德勒兹预测主体最终将会死亡。在《欲望的主体》结束时，巴特勒借由引述福柯和克里斯蒂瓦而表明：黑格尔的欲望的话语必须让位给关于身体的具体的、历史的讨论。在两篇之后发表的论文中，巴特勒认为，虽然梅洛-庞蒂等人的现象学著作看起来是异性恋正统规范的，但有可能为女性主义分析所用；将存在理解为一系列的"行为"，有可能打破身体是预先存在的本质的看法，这个观点在巴特勒此后写作的《性别麻烦》和《身体之重》中得到了发展。

# 2

# 社会性别



## 从现象学到“阴柔气质”

《性别麻烦》(1990年初版,1999年再版)可能是巴特勒最著名的作品,也被广泛认为是她最重要的作品。巴特勒的操演性(performative)身份理论被认为是后现代女性主义不可或缺的理论(Shildrick 1996),也有人认为,这一理论将女性主义理论带入了新的领域(McNay 1999:175)。即使是那些对《性别麻烦》中理论持有异议的思想家,也会认为这本书在多个领域中影响深远,并将持续有重要影响。

巴特勒是如何从研究现象学转移到研究“阴柔气质”(femininity)和“阳刚气质”(masculinity)的呢?这是否意味着她的思想的断裂和方向的改变?一位黑格尔研究者转而讨论社会性别、生理性别和性,会有怎样的结果?我们不应将《性别麻烦》视为从《欲望的主体》彻底转型之作，不过我们也不应期待巴特勒的思想发展有一条直截了当的路线；重要的是，我们应当看到她的所有作品都贯穿有现象学和黑格尔的线索。欲望、承认和他异性在《性别麻烦》中仍然是非常重要的概念，同样重要的还有主体的构成，
44 身份——特别是性别身份——如何被话语、在话语中建构（SDII：xiv）。

《性别麻烦》并不长（文本内容约 150 页），但涉及极其广泛的哲学和理论，有时侯你会觉得你需要提前对巴特勒所谈到的论证和辩论有一定的了解。不仅如此，你还可能会觉得阅读很费力，连基本理论前提都难以把握。对于一些读者来说，"巴特勒"就是"操演性"的同义词，无论是对于《性别麻烦》还是对于本书，这些读者很可能都直接跳到相关章节，但是巴特勒的理论之所以常常被误解，部分原因正是她的理论常常被抽离语境和过度简化。即便第一次很难读懂，也应通读《性别麻烦》全书，并且我在此所转述的巴特勒的理论，不能替代阅读原书。

因为巴特勒是一个旁征博引的作者，涉及的理论极其广泛，本章无法详述她在书中所涉及的所有思想家和理论，只能重点讨论几个对于《性别麻烦》有关键作用的理论阐述：福柯式的对于主体的批判，巴特勒对于结构主义、精神分析和女性主义理论的解读，和她自己的忧郁（melancholic）身份与操演身份的理论。目前，福柯式的、忧郁、操演性这些词可能都听起来很陌生，但接下来的小节中我们会一一解释。

## 这本书中有主体吗（主体在哪里）？

《性别麻烦》认为，许多女性主义理论家都不加批判地谈论"女性"或"全体女性"，错误地预设了"主体"的存在，《性别麻烦》则质

疑这个范畴。巴特勒并不先预设主体的存在,再来设想它的形而上学之旅,而是将它描述为一个形成中的主体,在话语中由自己的行为所建构。

《性别麻烦》所提出的麻烦包括:

- 质疑“主体”这一范畴,认为它是一个操演性的建构;
- 认为有一些“做”身份的方式,会挑战那些在现有的对立身 45
  份中获得既得利益的人,这些既得利益者会维护现有的如
  男性/女性、阳刚气质/阴柔气质、同性恋/异性恋等对立身
  份(《性别麻烦》中,巴特勒未涉及黑人/白人的身份)。

身份的操演性建构是一个复杂的理论,我们将在下面详细分析;但在这里我们应该警惕从黑格尔的精神旅行者(见上一章)类推,而以为巴特勒的主体是一个演员,在比喻意义的舞台上任由自己选择如何“表演”(perform)其身份,这是一个误解。我们会看到,尽管巴特勒的确将性别身份视为一系列的行为(这一观点有其存在主义的理论基础),但她也认为,并不存在一个预先就有的表演者来进行这些行为,在行为的背后并没有一个主体。在这里,她区分了*表演*(performance,预设了主体的存在)和*操演性*(没有预设的主体)。这并不意味着主体不存在,而是说主体并不如我们所通常以为的那样,在行动的“背后”或者行动“之前”;这样,《性别麻烦》提出了看待(和寻求)性别身份的新的激进方式。

## “女人”是形成中的概念

在《第二性》中,波伏瓦写下了那句著名的“女人不是天生的,而是后天形成的。人类女性在社会中所呈现的形象,并不是什么生理、心理或经济的宿命;是整体的文明塑造了这种人,在男性和太监之间的过渡位置,这被称为女性”(1949:281)。巴特勒在《性

别麻烦》第一章结尾处谈到波伏瓦的这一观点，她写道：

> 如果波伏瓦所宣称的“一个人不是天生就是女人，而其实是**变成**的”有几分道理，那么**女人**本身就是处于过程中的一个词，是正在变成、正在建构、无法确切指出它从哪里起始或在哪里结束。作为一个持续进行的话语实践，它不断受到干预，接受意义的改变。即使在性别似乎固化为最极致的物化形式的时候，“固化”本身还是一种持续、隐秘进行的实践，受到各种不同的社会手段的支持和管控。对波伏瓦来说，是永远不
> 46 可能最终成为一个女人的——就好像有个**终极目的**在那儿，支配着涵化（acculturation）以及建构的过程似的！
>
> （GT：33）[1]

《性别麻烦》描述性别如何“凝结”或者固化成一种形式，从而使得它看起来好像一直以来都是如此；巴特勒和波伏瓦都认为，性别是一个没有起始和终点的过程，因此，它是一件我们一直在“做”的事，而不是我们所“是”的东西。在她早期的文章《西蒙娜·德·波伏瓦〈第二性〉中的生理性别与社会性别》中，巴特勒认为“所有的社会性别，就其定义而言都不是自然的”，她进而打破了多数人所预设的生理性别与社会性别之间的必然联系（SG：35）。巴特勒先是指出我们对于生理性别、社会性别和性取向的共同预设：通常认为这三者是相互联系的，因此如果一个人是生理上的女性，那么根据预期她就应呈现“女性化”的特质，而对男性有欲望（在异性恋正统制的世界中，也就是说，只有异性恋被认为是正统的世界）。相

---

1 引自：朱迪斯·巴特勒，《性别麻烦：女性主义与身份的颠覆》，宋素凤译，上海：上海三联书店，2009，第45-46页。——译者注

反，巴特勒认为社会性别是“不自然的”，也就是说一个人的身体和其社会性别之间没有必然的关系。这样的话，一个人可以有一个被认为是“女性”的身体，而不呈现通常被认为是“女性”的特质：换句话说，一个人可以是一个有“阳刚气质”的女性或有“阴柔气质”的男性。在《性别麻烦》的第一章，巴特勒进一步发展了这个观点，表示要“证明生理性别，就其定义而言，一直就是社会性别”（GT：8），本章之后会详细讨论这一观点。

巴特勒的这篇文章和《性别麻烦》的开头都提出了一些重要的问题。如果性别是一个过程或者是“形成”的，而不是一个单纯本体论意义上的“是”什么，那么什么决定了我们成为什么，以及我们如何成为那样？在何种程度上一个人可以选择自己的性别？是什么因素或者是谁在选择一个人的性别，又是什么影响了这一选择？在另一篇文章《生理性别与社会性别之辩：波伏瓦、维蒂格和福柯》的开头，巴特勒声称社会性别是一个“选择”（VSG：128-9），这个观点乍一看似乎很简单，但并非如此，因为“选择”对于巴特勒来说，并不意味着一个“自由的主体”或“人”站在性别之外随意地选择一个性别。这种随意选择是不可能的，因为一个人已经是自己的性别了，每个人所面临的“性别风格”的选择总是有限的。相反，巴特勒认为，“选择性别是以新的方式来组织和诠释收到的性别规范。性别不是一项激进的从头创作，而是一项用自己的方式
来重新组织自己的文化历史的隐默之举。这不是一个我们必须努 47
力达成的指令性的任务，而是一件我们已经一直在做的事”（VSG：131）。

巴特勒认为，性别是长期并必然发生的一个行为或者说一系列行为，而社会主体不可能存在于性别形式之外。《性别麻烦》把社会性别和生理性别放回到勾勒与塑造它们的话语中，来揭示这

两个范畴的建构性（它们并不是“天生的”）。巴特勒在《性别麻烦》的第一章中开始了激进的批判，她从讨论维蒂格和伊利格瑞等理论家开始，认为女性主义没有一个“单一而持久的基础”来作为发言的出发点。她认为，寻求这样的基础是自相矛盾的，并且这样的排他性会破坏女性主义扩大视野的追求（GT：5）。

### 话语

巴特勒使用这个词并不仅表示“说话”或“谈话”，而是明确地使用福柯所提出的“话语”概念，意为管理着我们如何谈论和了解特定的历史时刻的“庞大的一系列陈述（statement）”。陈述则是与历史背景相关的可重复的事件（event），而福柯的作品则是找出陈述中的连续性，那些陈述构成了我们的“医学”、“犯罪”或“疯狂”话语。福柯尤为看重说话所预设的主体位置，以及主体又是如何在话语中被构造。因此，在《疯癫与文明》（*Madness and Civilisation*，1961）中，福柯声称，精神疾病的概念是于19世纪构造出来的，而在《性史（第一卷）》（1976）中，他则提出，性与性经验的概念都是在19世纪爆发产生的话语中同时控制和生产出来的。换言之，“疯狂”、“犯罪”和“性经验”这些概念是话语建构，应该被放在其产生的特定历史背景或历史转变中进行分析。

巴特勒拒绝本质主义，哪怕是作为一种政治策略也不行（GT：4）。要挑战现状，更为有效的模式应是去揭示“男人”、“女人”、
48 “男性”和“女性”这些范畴是如何在异性恋的权力矩阵中被话语建构出来的，从而移动（displace）这些范畴（GT：30）。维蒂格认为

女同性恋是一个超越性别范畴的概念,呼吁作为一种社会制度的异性恋制度的解体(1992:20),而巴特勒则认为,生理性别和社会性别都是由话语构建的,没有超越话语之外的自由的位置。文化构建的性无法推翻,主体所能做的只是在自己所处的建构中,认识到和“做出”这一建构(GT:31)。《性别麻烦》描述现今的社会性别和生理性别是如何在异性恋矩阵中被“做出”的,同时阐述其他可能的“做出”性别建构的方式。

## 性别谱系学

巴特勒声称,性别建构会“凝固”起来,使自己看起来是自然的和永久的,她探寻人们为什么广泛认为“女性”这一概念是本体论上所给定的,这样的分析则可能松动或解构(deconstruct)这些形式。在《性别麻烦》的开头,她认为女性主义批判理论应分析一下“女性”这一范畴如何被权力结构所制造和限制,而不是从这个权力结构中寻求解放(GT:2)。巴特勒没有批判“父权制”,而是着眼于她所称的“女性这一范畴的*女性主义谱系学*”(GT:5;强调为巴特勒所加)和“社会性别本体论的谱系学”(GT:32)。“谱系学”这个词似乎暗示了历史分析,这正是《欲望的主体》中巴特勒为未来哲学所指的发展方向;但在《性别麻烦》中,她则是特指在福柯意义上使用这个词,研究话语如何起作用,以及它们所要实现的政治目的(参见第10页的定义)。如她所说,“谱系学研究的是我们由于怎样的政治原因而将这些身份范畴视为*原点和原因*,而实际上它们则是机构、实践、话语的*效应*,而它们的原点是多样并分散的”(GT:viii-ix;强调为巴特勒所加)。这句话对你未来的阅读将很有帮助,巴特勒的操演性身份理论的关键即是:主体不是原因,而是*效应*。

因此，巴特勒没有兴趣去跟踪寻找性别的原点或原因（因为它
并不存在），而是进行谱系学研究，考察社会性别的效应，并认为社
49 会性别即是一个效应。巴特勒的效应—原因的说法可能看起来是
上下颠倒，但本章后面当我们回到她的操演理论时，还会详细解释
这个观点。

## 生理性别即是社会性别

如果我们接受社会性别是建构的，而不是“自然而然”、不可避免地由生理性别决定，那么生理性别和社会性别之间的区别也会显得不那么稳定。如果这样的话，那么社会性别就是完全独立于生理性别的，如巴特勒所说的一样是“自由漂浮的人造物”（GT：6），而这带来的问题是：“生理性别”是否也与社会性别一样是文化的建构；也许生理性别一直已经是社会性别，而社会性别/生理性别的这个区分根本就不是一个真正的区分（GT：7）。巴特勒认为，生理性别或社会性别都不是“永久不变的实体”，异性恋和异性恋文化确立了这些相互连贯的范畴，是为了延续和维持女性主义诗人和评论家阿德里安·里奇（Adrienne Rich）所称的“强制异性恋”（compulsory heterosexuality）体制——男性和女性都被要求，甚至被强迫去成为异性恋者。巴特勒认为，那些不符合“强制性并自然化的异性恋”的性别身份，暴露了社会如何制定和维护性别规范（GT：22）。她以埃居利娜·巴班（Herculine Barbin）为例，巴班生活在 19 世纪，是一位雌雄同体者（hermaphrodite），无法以异性恋的性别二元论（gender binary）来定位，性别二元论假设生理性别和社会性别之间直接相关，从而将人整齐地划分为男性/女性，阳刚气质/阴柔气质。巴班的日记在 20 世纪被翻译为英文出版（Barbin 1980），福柯为其作序；尽管巴特勒不完全同意福柯对于巴班的经

历的解读,她仍认为巴班身上所体现的性别异质能够批判她所称的“实体的形而上学”和“性别的身份化范畴”(GT:23-4)。

“实体的形而上学”指一种普遍存在的信念,认为生理性别和身体是不言自明的“自然的”物质实体,而我们会看到对巴特勒来说,生理性别和社会性别是“想象的”(phantasmatic)文化建构,它们勾画并规定着身体。巴特勒认为,巴班未能符合性别二元论,这揭示了性别范畴的不稳定性,质疑性别作为实体和“男性”或“女性”作为名词的可行性(GT:24)。巴班所体现的性别不连贯,或者 50
说性别麻烦,表明了性别是一个虚构的产物(GT:24),因此巴特勒认为,“社会性别不是一个名词,而是操演性的,也就是说,它构成了它所要表现的那个身份。在这个意义上,性别始终是一个行为,但并没有一个事先存在的主体来完成这个行为”(GT:25)。这是巴特勒最有影响力也最难解的观点之一,我们会在下面的章节中继续讨论。

## 性别衣柜

虽然巴特勒主张性别在权力结构之内并受其约束,她也坚持这些限制是可能被增殖和颠覆的。将性别描述为一个“行为”和肉身(corporeal)风格,可能会使你联想到从已有的衣柜中选择一套服装的比喻。虽然巴特勒在她的下一本书《身体之重》中明确地驳斥了这种类比,我们现在仍可暂且使用一下这一比喻。首先,我们需要明确地摆脱“自由选择”的概念:因为你生活在律法或某一文化中,完全“自由”的选择这个概念没有意义,你在选择这些“外衣”时,很可能是为了适应你的同伴或同事的要求,即使你没有意识到你在考虑他们。此外,你所选择的“衣服”的范围也将由一系列因素决定,如你所处的文化、你的工作、你的收入和社会背景/状态。

在巴特勒的描述中，如果你决定忽略你的同伴、同事等人加在你身上的“打扮成一个性别”的期望和约束，就会扰乱那些有权管你或是批准你的人，所以你无法简单地重新发明你的性别“衣柜”或是得到一个全新的衣柜（即使你能从头创造一套衣柜，很显然，你也会被商店里有限的衣服所限制）。相反，你可以改变你现有的衣服，以表明你不以“传统”的方式穿它们——比如撕裂衣服、加一些亮片，或者前后翻转穿，或上下颠倒穿。换句话说，你对于性别的选择是有限的，你对于颠覆方法的选择也有限——这样一说，你就很难将这些行为当成是“自由选择”或“颠覆”你的性别。

51 这个比喻有点粗糙，但它可以大致阐明为什么说我们的性别选择是有限的，而不是“自由”的。此外，这样理解性别身份，也质疑了主体性（agency）（即选择与行动）和行动主体的概念：如果我们将性别比作从有限的衣柜中选择衣服，那么我们必须询问是谁或什么在作选择？我所使用的这个站在衣柜前选择衣服的例子，似乎暗示着在性别（也就是本例中的“选择衣服”）之前就有一个主体的存在。而我们将会看到，巴特勒在《性别麻烦》中恰恰拒绝了这种看法，她认为操演性的性别没有预先存在的“演员”来进行构成身份的这些行为。

## 基础主义虚构

虽然令巴特勒出名的是《性别麻烦》第三章中的操演性理论和对于戏仿与扮装的讨论，但第二章“禁制、精神分析与异性恋矩阵的生产”对于理解巴特勒的身份概念至关重要。在这章中，巴特勒以一种福柯式的视角来阅读结构主义和精神分析对于性别、身份和律法的讨论，从而

- 以话语的视角描述了她所谓的“在文化中生产的性别”；换

句话说，她论述的前提为性别是一个话语的建构、一个被生产之物，而不是一个“自然事实”；

- 将律法描述为多样的、增殖的和潜在具有自我颠覆性的，而不是单一的、禁止的和纯粹地压制性的，后者是一些其他理论家的观点（如拉康）。

这章的标题中，“生产”和“矩阵”两个词非常关键。如果你查字典，你会发现“矩阵”这个词有几个含义：用于铸造或成型的模具、子宫，或者计算机中互连电路元件的网格状阵列。很难说巴特勒使用的是哪个含义，但显然“子宫”并不可能，所以我们可以以第一和第三个意义来理解。这样的话，性别可以被描述为一个“结构”、一个“模具”，或者“网格”，而主体在其中被（矩阵）“铸造” 52
（虽然也应记住，在巴特勒的理论中矩阵本身也是被生产和制造的）。

这一章开头，巴特勒先讨论了结构主义人类学家克劳德·列维-斯特劳斯（1908—2009）对于亲属关系的结构分析，接着她分析了拉康、琼·里维埃尔（Joan Riviere，1883—1962）和弗洛伊德的精神分析理论。随后，通过考察当代的后弗洛伊德精神分析理论家尼古拉斯·亚伯拉罕和玛丽亚·托洛克（Maria Torok）和后结构主义理论家福柯，巴特勒提供了她自己的性别/性身份和律法的理论。接下来，我会花一些时间来分析弗洛伊德关于身份形成的重要理论，但限于篇幅则无法详述巴特勒所批判的其他思想家。我们将触及很多复杂的理论，无法简单地加以概括总结，所以参阅其他资料可能会有很大帮助，例如本丛书其他书籍（如帕梅拉·瑟齐韦尔的《西格蒙德·弗洛伊德》[1]，尤其是第三章“性”），或者浏览

1 该书的中译本《导读弗洛伊德》已于2015年由重庆大学出版社出版。——编者注

关于批判理论、精神分析和女性主义的介绍性读物（参见“进阶阅读书目”）。

## 哀恸与忧郁

由于巴特勒的理论是如此深受弗洛伊德的影响，在下面的章节中，我们需要解释一些弗洛伊德的关键概念。巴特勒对弗洛伊德的解读很复杂，某些地方还很难解，部分是因为弗洛伊德对自己理论的不确定和频繁修订，部分也因为有时候很难搞清楚巴特勒在引用弗洛伊德哪一部分的理论，或者是否在引用弗洛伊德理论。巴特勒用到了弗洛伊德的两部重要作品，《哀恸与忧郁》和后来的《自我与本我》。在《哀恸与忧郁》中，弗洛伊德区分了哀恸和忧郁的概念；哀恸指的是对于真实地失去了所爱之人的反应。而忧郁的人并不一定知道他们失去的是什么，甚至有时候根本就不知道他们已经“失去了”什么，弗洛伊德认为这是一种与抑郁症（depression）相似的病态状况。他认为，忧郁的人不会“挺过去”、接受这一损失，而是认同于（identify with）失去的对象，从而将它纳入自我（the ego）。弗洛伊德讨论我们的心理如何形成自我、超我与
53 本我的结构，在其相关理论中，认同（identification）是一个核心的概念。如你所料，它意味着将自己认同为他人的一种过程和效应，常常是一种应对失去的反应。内投射（introjection）是指主体将外部世界中的对象投入自己，进而将它们保存在自我之中的过程，这个概念和认同密切相关。事实上，认同正是通过内投射来进行的，对象像是被“安装”在自我中，而巴特勒则认为内投射并不是认同的唯一途径。

在《自我与本我》中，弗洛伊德不再认为忧郁是病态的或者是精神疾病，而是将所有自我的形成都视为忧郁式的结构。弗洛伊

德认为，在自我的形成(ego-formation)过程中，儿童的原初(primary)注情对象(object-cathexes)转换为了认同——一旦懂得弗洛伊德的术语，这句话就会比较易懂。最初，婴儿的欲望对象是两位父母之一(这便是婴儿的原初注情对象)，但乱伦禁忌(incest taboo)意味着这些欲望必须被放弃。就像忧郁的人将失去的对象摄入自己那样，自我就会将失去的对象(作为欲望对象的父或母)内投射，从而以认同的方式保存下来。弗洛伊德写道："失去的对象在自我中重新建立起来，也就是说，认同取代了对对象的注情"(1923:367)。因此，自我中保存了所有曾经放弃的欲望，如弗洛伊德所说，"自我的性格是被放弃的注情对象的沉淀……它包含全部欲望对象的历史"(1923:368)。

**弗洛伊德：常用术语**

**哀恸**：对于一个真正的损失的反应。

**忧郁**：对于一个想象的损失的反应。

**注情对象**：对于一个对象的欲望；在这里，对象指的是一个人的母亲或父亲。

**认同**：一个人认同为某人或某物的过程；在这里，被认同的对象是已经失去的。我们通过**内投射**或**合并**而进行认同。

**内投射**：将外界的对象摄入自我并在自我中保存(preserve)起来的过程。

**合并**(incorporation)：将对象保存在身体表面上的过程(弗洛伊 54
德在《哀恸与忧郁》和《自我与本我》中没有讨论合并)。

**倾向**(dispositions)：从出生起，你的欲望对象是同性还是异性。

如果你的原初欲望对象是母亲，你会将她的形象内投射进自己，建立起对于母亲的认同；同样，如果你的原初欲望对象是父亲，你会将这个被禁止的对象注情替换为你对他的认同。弗洛伊德并不知道什么决定了原初的对象注情——为什么婴儿会对于父母中的某一个产生欲望，而不是另一个——他绕过了这个问题，将婴儿欲望的方向称为“倾向”。看起来，“倾向”一词表示婴儿对于同性或异性的父母具有先天的欲望，但弗洛伊德在讨论“小女孩”的发展时，在此问题上犹豫不决。弗洛伊德写道，小女孩在放弃原初欲望对象父亲之后，会“让自己的阳刚气质占上风，认同为父亲（她所失去的对象）而非母亲。这显然取决于她倾向中的阳刚气质——无论这气质从何而来——是否强烈到她会认同为父亲”（1923：372）。这似乎是说，注情对象是原初倾向的结果，也就是说婴儿天生是“阳刚气质”还是“阴柔气质”（feminine）就会决定注情对象，你可以猜到，巴特勒并不同意弗洛伊德试探性的先天“倾向”的理论。

## 忧郁的异性恋

现在让我们看看巴特勒如何理解弗洛伊德。巴特勒对于弗洛伊德一笔带过的“倾向”概念很感兴趣，但是巴特勒并不接受“倾向”是天生的，而是想知道“阳刚气质”和“阴柔气质”这样的倾向可以追溯到怎样的认同，而这些认同又是如何发生的。巴特勒认为倾向是对于同性/异性父/母认同的结果，而不是原因；换句话说，欲望不是一开始就有的。她问道：“弗洛伊德本人也无法解释这些原初倾向，它们究竟是什么？”并且提醒我们注意，弗洛伊德在表
55 述的时候用破折号插入了自己的怀疑（“——无论这气质从何而来——”）（GT：60）。

弗洛伊德认为自我的形成是一个忧郁的结构,因为婴儿迫于乱伦禁忌,放弃了对父母的欲望,而巴特勒则认为,对同性情欲的禁忌比乱伦禁忌要早(奇怪的是,她在此并未给出这一看法的出处)(GT:63)。这似乎意味着,儿童的原初欲望是同性的父/母——毕竟,有禁忌就说明存在这种欲望,需要被禁止——尽管巴特勒认为,律法制造了它所禁止的欲望,她仍然没有说明为什么一个欲望比另一个欲望更早产生和被压抑。巴特勒写道:“虽然弗洛伊德没有明确地这样说过,但看起来,同性禁忌必然先于异性乱伦禁忌而出现”(GT:64),尽管她在这一段里将这一看法重申了好几次,但这里她所加的限定语(“虽然弗洛伊德没有”,“但看起来”)很像是她所指出的弗洛伊德“破折号中的怀疑”。

无论如何,同性禁忌先于乱伦禁忌这一观点,对于巴特勒随后的论点至关重要:性别和性身份的形成是对于禁止(prohibition)的反应。巴特勒拒绝认为社会性别或生理性别是天生的,而是认为:“性别身份首先是来自将禁止内化,这一禁止实际上形成了身份”(GT:63)。“禁止”在这里指的便是同性禁忌,也就是说,巴特勒认为,所有社会性别身份的基础是在原初的、被阻止的同性注情欲望。如果忧郁是对于真实或想象的损失的反应,而异性恋的性别身份的建立依赖于失去原初的同性欲望对象,那么异性恋的性别身份便是忧郁的。

巴特勒对于弗洛伊德的哀恸、忧郁和自我形成理论进行了福柯式的解读,她关于异性恋的基础是原初同性欲望的观点是《性别麻烦》最主要的贡献之一。忧郁的性别身份和认同这一概念在她之后的作品中反复出现。在此,我引用她书中的一段话作为总结:

> 如果女性与男性倾向是有效内化了那个禁忌的结果,如

> 果对失去的同性对象的忧郁解决方式,是通过建立自我理想
> 56 来合并,确切地说,是**变成**那个对象的话,那么在根本上,性别身份似乎是内化了某种证实是身份形成之因的禁律的结果。此外,这个身份的建构和维持,系于不断地应用这个禁忌,这不仅是在顺应截然区分的性别范畴、对身体进行程式/风格化的方面,同时也在性欲望的生产和"倾向"的布置上。……倾向不是心灵的原初性/别事实,而是文化以及自我理想带有共谋性的、价值重建的行动所强加的律法产生的结果。
>
> (GT:63-4)[1]

你可能注意到了,我刚才引用的那段话中的"合并"一词。这个词虽然没有出现在《性别麻烦》的关键词索引中,但它在巴特勒关于性别、性和身体的理论中起着重要的作用。

### 忧郁的异性恋

通过讨论"小女孩"的情况,可以概括如下:"小女孩"对于母亲的欲望→乱伦禁忌→"小女孩的"忧郁→通过合并而完成与母亲的认同→"小女孩"放弃了同性欲望→阴柔气质→忧郁的异性恋。

---

1 引自:朱迪斯·巴特勒,《性别麻烦:女性主义与身份的颠覆》,宋素凤译,上海:上海三联书店,2009,第 86 页。(宋素凤将 object 译为"客体",为上下文一致,此处改为"对象"。)——译者注

## 合 并

借由上文中提到的“身体的风格化”与“性欲望的生产和倾向的布置”，巴特勒论证了她关于生理性别的观点：与社会性别一样，生理性别也是同性禁忌的产物。至此，她讨论了同性禁忌是如何引发弗洛伊德《哀恸与忧郁》中所描述的忧郁反应，从而导致与同性别的父/母的认同。这一认同被巴特勒描述为“内化”(internalization)，这意味着，如弗洛伊德所说，失去的对象被内投射到自我之中，以认同的方式保留在自我中。弗洛伊德在《哀恸与忧郁》和《自我与本我》中都没有讨论合并；巴特勒更进一步，探寻忧郁的认同发生在哪，她的结论是，认同是合并的，也就是说，保留在身体的表面(GT:67)。在这里，巴特勒参考了亚伯拉罕和托洛克， 57
他们主张哀恸会导致所失去的对象的内投射，而忧郁则导致对对象的合并。巴特勒写道：“当我们把性别身份视为一种忧郁结构，那么选择‘合并’作为完成认同的方式是有道理的。……性别身份需要通过否认丧失来建立，这丧失深深隐藏(encrypt)于体内……合并把丧失直观地化于(literalize)身体上或身体内，因而看起来是身体的一个事实存在，这是身体把‘生理性别’当作它的一个不折不扣的事实性来呈现的方法”[1](GT:68)。

用来接受和保留被放弃的注情对象的，并不仅仅是自我，还有身体本身，身体就像是一个“坟墓”(注意“深深隐藏”这一词)，但这些放弃的欲望并没有被“埋葬”，此后是保留在了身体表面，构成了一个人的生理性别和社会性别身份。这个本体论的公式，巴特勒是这样表述的：“如果异性恋机制对同性情欲的否认造成了忧

1 引自：朱迪斯·巴特勒，《性别麻烦：女性主义与身份的颠覆》，宋素凤译，上海：上海三联书店，2009，第92页。——译者注

郁,而且如果忧郁是通过合并来运作的话,那么这个被否认的同性爱欲,通过对一个以对立的模式界定的性别身份的耕耘(cultivation)而被保留下来。”[1](GT:69)或者更直截了当地说,你就是你曾经欲望的(之后又不允许欲望的)对象。

所有稳定的社会性别身份都是“忧郁的”,它们的基础是写在身体上的被阻止了的原初欲望;巴特勒认为,社会性别间的严格界限,是为了掩盖失去的那原始的、不被承认的、未曾解决的爱(GT:63)。不只是异性恋者遭受着这样的性别忧郁(如果我们可以用“遭受”这个词——巴特勒将忧郁的异性恋称为一种“综合征”[syndrome],这似乎暗示着它有一定的病理性特征[GT:71])。巴特勒认为“如果有同性恋者觉得完全无法设想异性性欲望”,那么他们的异性欲望也是通过忧郁的结构被合并了,但是,由于我们的文化中并没有对于异性恋的拒斥,因此这两种忧郁并不能完全等同(GT:70)。

与社会性别一样,身体也隐藏着它的谱系,而呈现为一个“自然事实”,或者说给定的事实;巴特勒则主张那被放弃的欲望在身体上“加密隐藏”(encrypted),因此身体是它的欲望的效应,而非原因。身体是一个想象的结构,是欲望的结果,或者说产品。巴特勒写道:“欲望的幻想(phantasmatic)显示,身体不是欲望的基础或原
58 因,而是欲望展现的场域(occasion)及其对象(object)。欲望的策略部分是使有着欲望的身体改变它自身的形貌(transfiguration)”[2](GT:71)。欲望改变身体的形貌是一个很复杂的观点,不过现在我们至少应该知道巴特勒并不认为身体是一个稳定的、固定的“纯

1 引自:朱迪斯·巴特勒,《性别麻烦:女性主义与身份的颠覆》,宋素凤译,上海:上海三联书店,2009,第93页。——译者注

2 引自:朱迪斯·巴特勒,《性别麻烦:女性主义与身份的颠覆》,宋素凤译,上海:上海三联书店,2009,第95页。——译者注

粹的物质”(merely matter),而是被话语和律法所构建和勾勒的。巴特勒在《性别麻烦》的第三章“颠覆的身体行为”中再次回到身体的讨论,她认为生理性别和社会性别都是通过操演性的“展现”(enactments)来确立身体固定性的外观。

如果生理性别和社会性别都是“展现”,而不是事先给定的,那么它们就有可能展现为其他意想不到的、具有潜在颠覆性的样子。巴特勒在操演和戏仿的讨论之前,先讨论了律法的颠覆性潜力。

**忧郁的性别**

失去一个爱的对象,会导致忧郁和对该对象的认同。在巴特勒看来,同性禁忌早于乱伦禁忌,也就是说对于同性欲望是从一开始就被禁止的。在异性恋的文化中,我们可以为乱伦禁忌的后果[1]而悲伤,但是同性禁忌是不能哀悼的,因此对于同性禁忌的反应不可能是哀恸,而只会是忧郁(GT:69)。

与同性别父母的忧郁认同被合并在身体上,即被保存在身体的表面;因此,生理性别,与社会性别一样,不是“自然的”或者给定的,而是一个认同与合并的过程。忧郁的异性恋主体在他或她的身体表面“担负”着被禁止的同性欲望,因此,身体的“阴柔气质”和“阳刚气质”都指示着主体所放弃的对于同性别对象的欲望。这意味着,你就是你的欲望对象,那些被禁止表达的欲望会在你的身体上和你的行为中体现出来。

所有的性经验和性别认同都是忧郁的,但巴特勒指出,因为在异性恋文化中,并不禁止异性欲望,因此同性和异性忧郁是不同的。

1 即无法以异性的父母作为爱欲对象。——译者注

## 59 增殖的权力

巴特勒以谱系学的方法分析了结构主义和精神分析理论。这些理论都认为生理性别和社会性别是普遍的、稳定的和天生的，而巴特勒则强调生理性别和社会性别是话语和律法的结果；在第二章的结尾，她强调了律法生产（produce）性与性别身份，并使它们看上去天生而自然，在此之后才被禁止，而这一律法本身也是多样的（plurality）。巴特勒同意列维-斯特劳斯和弗洛伊德所说的性与性别身份是律法和禁忌的产物，但是她认为，律法也会生产它不允许的身份与欲望，它通过压抑这些身份与欲望来建立和维持那些被允许的性与性别身份的稳定性。

在这里，巴特勒借用了福柯对于压抑假说的批判（the critique of the repressive hypothesis）；福柯否认了大家普遍认为的假说：在19世纪，性（sexuality）受到了律法的压抑。相反，他认为，性是由律法产生的，并且，19世纪绝非对性保持沉默，而是"在权力的执行领域，关于性的话语成倍增长；体制性地鼓励谈论性，并谈得越来越多"（Foucault 1976：18）。福柯认为，谈论性就是同时生产和控制它，他还认为，因为律法无所不在，不存在律法之外的位置，因此颠覆只能来自现有的话语结构之中。

借用福柯对于压抑假说的批判，巴特勒认为，禁止同性/乱伦结合的律法同时发明（invent）和引发（invite）了这样的结合。因此，巴特勒认为乱伦禁忌"具有生成性（generativity）……乱伦禁忌不仅禁止并控制某些形式的性欲，它也不经意地生产了各种替代的性欲和身份；而除了它们是某种意义的'替代品'这点以外，这些性欲和身份绝非在事先就受到了限制"[1]（GT ：76）。这意味着，同

---

1 引自：朱迪斯·巴特勒，《性别麻烦：女性主义与身份的颠覆》，宋素凤译，上海：上海三联书店，2009，第102页。——译者注

性和乱伦禁忌同时具有压抑和生产的功能，而这两个功能是无法割裂的，因为律法本身既禁止又产生对于自己的父母和同性的欲望。

巴特勒承认，精神分析一直承认乱伦禁忌的生产功能，她将同样的论述应用于同性禁忌上，因此得出的结论是：异性情欲需要同 60
性情欲以确定自己并保持稳定。她写道："同性情欲是一个必须被生产出来以便被压抑的欲望"；异性情欲生产出来可以理解的同性情欲，然后再通过禁止而使得它不可理解（GT：77）。

同性情欲是为了保持异性情欲的一致性而被生产出来的，这个观点很有吸引力，但也有它的问题；它有可能使同性情欲看上去是一种病，以及使它从属于异性情欲——看上去只是异性恋律法的一种产物。（乔纳森·多利莫尔［Jonathan Dollimore］提到了类似的看法，他认为，"读巴特勒时，读者有可能会觉得同性欲望除非是颠覆性地存在于异性恋中，否则就是不完整的"［1996：535］。）你也可能会疑惑，这一观点是否违背了巴特勒所说的同性禁忌先于乱伦禁忌，因为那暗示着同性情欲先于异性情欲。鉴于她现在又说同性情欲是为了保证异性情欲的稳定性而被生产的次级的话语型构，巴特勒似乎将自己之前提出来的因果关系搞颠倒了。这个矛盾可能体现了精神分析理论（关注身份的起源）与福柯理论（不关注）之间是难以调和的。而且，我们也可以说，巴特勒将性别身份视为对于同性禁忌和乱伦禁忌的忧郁反应，也暗合了她在《欲望的主体》中所反对的拉康的理论：拉康将主体视为由（欲望的）缺乏和失去所构成的，永远受制于"父亲的律法"。

不过，与拉康不同的是，巴特勒坚持认为律法是具有生成性的、是多元的，并且在律法之中能够产生颠覆、戏仿与扮装，因为律法给这些颠覆性身份一个"登台"的机会，同时抑制和生产这些身份。

## 身体理论

在《性别麻烦》中,巴特勒多次提及操演性,但对于操演性理论最连贯的阐述则出现在第三章快结尾时短短的一段中(这一段篇幅较短,它的影响力却是最大的)(GT:136-41)。操演性理论的光环掩盖了《性别麻烦》的其他部分,而接下来的两节都会讨论操演
61 性,也可能会加强这种光环。使巴特勒得以论述操演性的那些思想家和理论基础,我们只能一笔带过,但希望接下来这些简短的概述还是能对你阅读《性别麻烦》有所帮助。

巴特勒对于克里斯蒂瓦、福柯和维蒂格的讨论集中在他们的身体理论上:克里斯蒂瓦和福柯都认为在话语之前即有身体,而巴特勒则倾向于唯物主义女同性恋理论家维蒂格的看法,认为身体的形态学(morphology)——身体的形式——是异性情欲结构(scheme)(或者像我们之前所说的,一个异性恋"矩阵")在描画身体的结果。巴特勒认为,生理性别就像社会性别一样是一种*效应*,一个话语的范畴,"人为地将原本无关的一系列属性统一起来"(GT:114),我们在上一节中讨论了这个观点。在这里,巴特勒赞同维蒂格在文集《异性恋思维》(*The Straight Mind*)中的两篇文章的观点,维蒂格写道:"语言在社会性的身体上刻出沟槽、打下印记、猛烈地塑造它"(1992:43-4,78 )。维蒂格这样的说法似乎表示了在语言之前就预先存在着身体(毕竟,要先有身体,语言才能在上面"刻出沟槽"),但巴特勒质疑了这一前提,她问道:"究竟在感官感知到的身体之前,有没有一个'物理意义上的'身体?这个问题是不可能回答的"(GT:114)。

巴特勒在《身体之重》中重返了这个"不可能回答的问题"。在那里,她大致同意了一个"物理意义上的身体"(physical body)是存

在的，这个身体在被踢的时候感到疼痛、被刺时会流血；但是，在《性别麻烦》这里，她讨论的是知觉和身体如何通过排除（exclusion）、禁忌与贱斥（abjection，克里斯蒂瓦使用的术语）而被话语建构起来。这些具有排除性的话语中，巴特勒着重分析了“科学”。巴特勒在讨论福柯和讨论维蒂格之间，塞进了一节简短的“篇末非科学后记”（Concluding Unscientific Postscript），在此，巴特勒讨论了一些近期的细胞生物“科学”进展（但并不详尽）。巴特勒写道，“多达 10% 的人有染色体的变异，不符合 XX（女性）、XY（男性）这样的归类。”这一“事实”使她认为现有的性/性别二分法不足以描述和划分难以确定的身体。她并不是简单地接受“科学”的权威，而是对细胞生物学的话语进行分析，从而表明科学本身也受到异性恋矩阵的影响；或者，用巴特勒的话来说：“有关男人和女人的 62
相对身份，以及社会性别本身二元关系的文化假设，决定了这个研究的框架，而使它的重点放在性别决定上面”[1]（GT：109）。

“科学”和“自然天生”是话语的建构（参见第 47 页）；在引述了“科学”数据之后，又拒绝“科学”的权威，这也许看起来有点奇怪，但巴特勒的论点很明确：身体不是“无声的事实性”（mute facticity）（GT：129），即自然的事实，而和社会性别一样，它是由巴特勒所分析的这种话语生产的。巴特勒认为，与社会性别一样，在文化印刻（inscription）之前并不存在一个“身体”，因此，她认为生理性别与社会性别一样，可以被操演性地重新印刻，而这些新的印刻的方式可以强调它的人为性（factitiousness）（即它的建构性），而非事实性（即它的存在作为一个事实）。这样的重新印刻，也就是巴特勒在《身体之重》中所说的重述/重新征引（re-citation），在律法

1 引自：朱迪斯·巴特勒，《性别麻烦：女性主义与身份的颠覆》，宋素凤译，上海：上海三联书店，2009，第 142-143 页。——译者注

的界限之内构成了主体的能动性(agency),换句话说,就是律法自身颠覆其自身的可能性。能动性是巴特勒的一个重要概念,它意味着有可能朝向激进的政治目的,而使律法颠覆自身。

## 操　演

巴特勒打破了生理性别/社会性别的区分,而是认为生理性别总已是社会性别。所有的身体都在社会性存在的一开始就被社会性别化了(gendered)(没有哪种存在是社会之外的),也就是说,并不存在在文化印刻之前的"自然的身体"。由此而得的结论则是,社会性别不是一个人是什么(something one is),而是一个人所做之事(something one does),是一种行为——或者更准确地说,是一系列行为,一个动词,而非名词。"做",而非"是"(GT:25)。在《性别麻烦》的第一章中,巴特勒阐述了这个看法:

> 性别是对身体不断地予以风格/程式化(stylization),是在一个高度刻板的管控框架里不断重复的一套行为,它们随着时间的流逝而固化,产生了实在以及某种自然的存在的表象。对性别本体论进行政治性的谱系学探究,如果成功的话,将会解构性别的实在表象,还原建构它的各种行为,并在各种管控性别的社会面貌的力量所设定的强制性框架里,找出这些行为、对它们进行诠释。[1]
>
> (GT:33)

---

1　引自:朱迪斯·巴特勒,《性别麻烦:女性主义与身份的颠覆》,宋素凤译,上海:上海三联书店,2009,第46页。(为保持上下文一致,将宋译中的"系谱学"改为"谱系学"。)——译者注

社会性别不只是一个过程,而且是一种特别的过程,用巴特勒的话 63
来说,它是"在极其严格管控的框架中所进行的一系列重复行为"。我着重强调这半句是为了说明,像我之前所用的衣柜的比喻一样,巴特勒并不是说主体可以自由选择她或他想要展现哪个性别。你也可以用另一个比喻来说,"剧本"总是已经确定在这一管控框架内,主体只能从有限的"戏服"中来挑选一个受限制的社会性别风格/形式(style)。

巴特勒在《性别麻烦》的第一章中介绍了操演性的概念,她说:"性别是具有操演性的——也就是说,它建构了它所意谓的那个身份。在这个意义上这样说来,性别一直是一种行动,虽然它不是先于它存在的主体所行使的一个行动"(GT:25)。然后,她引用了尼采在《论道德的谱系》中所说的:"在行为、动作、生成的背后没有'存在';'行为者'只是加诸行为之上的一个虚构——行为本身即是一切"(1887:29),之后她给出了从性别角度对这句话的改写:"在性别表达的背后没有性别身份;身份是由被认为是它的结果的那些'表达',通过操演所建构的"[1](GT:25)。

这个说法令很多人费解。没有表演者,哪来的表演?没有行动者,哪来的行动呢?其实,巴特勒并不是说性别是一种表演(performance),她区分了表演和操演性两个词(尽管在《性别麻烦》中,这两个词偶尔会混淆起来)。在1993年所做的一次采访中,她强调了这个区别的重要性:表演预设了预先存在的主体,而操演性则挑战了主体这个概念(GP:33)。在这次采访中,巴特勒也明确表示了她的"操演"概念,涉及J.L.奥斯汀的《如何以言行事》(1955)中的言语行为(speech act)理论,以及德里达在《签名,事件,

---

1 引自:朱迪斯·巴特勒,《性别麻烦:女性主义与身份的颠覆》,宋素凤译,上海:上海三联书店,2009,第34页。(略有字句改动)——译者注

语境》(1972)一文中对于奥斯汀理论的解构。在第 4 章讨论巴特勒的语言理论时，我们会对这两个文本进行详细的探讨，现在我们只要知道，虽然《性别麻烦》中没有明确提到奥斯汀或德里达，但巴特勒关于性别身份的观点与这两种语言学理论有关。

语言的操演性和性别有什么关系？在《性别麻烦》的开头，巴
64 特勒就提出："在我们所承继的实体形而上学的话语中，应看到性别是操演性的，也就是说，构成了它声称自己所是的那个身份"(GT:24-5)。性别是一个行为，它所指的东西正是由它而产生：也就是说"阳刚的"男人或是"阴柔的"女人。性别身份通过语言被建构和构造，这意味着在语言之前，不存在性别身份。也可以说，不是身份"做了"(do)某种话语或语言，相反——是语言和话语"做"了身份。在语言之外并没有"我"，因为身份是一个意指的行为，文化上可理解的主体是话语的效应，而非原因，这一话语又同时掩盖了自己的作用(GT:145)。正是在这个意义上，性别身份具有操演性。

在这里，我们可以回到我前面所说的衣柜比喻(参见第 50 页)，我在那里曾说过，一个人的性别是操演性地构建起来的，就像一个人对于衣服的选择受限于——甚至是决定于一个人所处的社会、环境、经济等。如果熟悉达芙妮·杜·穆里埃(Daphne du Maurier)的小说《蝴蝶梦》(*Rebecca*, 1938)，你会记得叙述者女主角曾因穿着她丈夫的前妻在同样场合所穿的衣服现身宴会，而惹怒了她的丈夫。在筹备宴会时，邪恶的丹弗斯太太在帮女主角选衣服，而女主角相信这件衣服是她自己拿主意选定的，因此她创造了自己的形象，但事实证明是丹弗斯太太在使叙述者重复丽贝卡的形象。如果我们在这里将丹弗斯太太看作权力或者权威的象征，那么《蝴蝶梦》就为我们提供了一个身份远不是被个人主体所选

定，而是早在主体之前就建构成为主体的范例（正如丽贝卡存在于女主角之前）。

## 表面/深度

巴特勒认为，语言之外没有身份，这一观点使她拒绝了普遍被接受的表面与深度的区分，即笛卡尔式的（Cartesian）身体与灵魂的二元论。在《性别麻烦》的第三章，她援引福柯的著作《规训与惩罚》，在该书中，福柯挑战了“内在化理论”（the doctrine of internalization），即主体是由将规训结构内在化而形成的。福柯用“印刻模式”来取代这一理论：巴特勒将之描述为“律法不是被内在化了，而是被合并了，结果是身体的生产，律法在身体上并通过身体表示出来”（GT：134-5）。因为性别并没有“内在”，所以“律法” 65
并不是内在化的，而是写在身体上的，也就是巴特勒所称“性别作为肉身的风格化，是被想象的（fantasied）、具有想象性的（fantastic）身体的形貌（figuration）”（GT：135）。巴特勒反复强调在语言之前不存在内核或者本质，认为性别行为并不是由主体来表演，而是操演性地构成了主体，这个主体是话语的效应而非原因；她写道：“*性别化的身体是操演性的，这意味着它的实在性来自构建它的各种行为，而非除此之外的本体论的状态*”（GT：136；强调为我所加）。我们再次回到了这个理论：行为的背后并没有行动者，不存在一个有意志的主体在自觉地“做出”一个性别，因为性别化的身体与构建这一身体的行为并无二致。尽管如此，在讨论戏仿（parody）与扮装（drag）时，巴特勒的论述有时候看起来像是在行为背后预设了一个“行动者”，而巴特勒后来也承认在《性别麻烦》中，她时不时混淆了作为语言操演的性别和作为戏剧舞台的性别。巴特勒在《身体之重》中进一步澄清了她的理论，在该书中，她强调了操演性理论的背景是德里达和奥斯汀的思想，而在《性别麻烦》中，她并未明确指出这一理论背景。

## 戏仿与扮装

在《性别麻烦》第三章中，巴特勒写道："如果性别的内在真实性是虚构的，如果真正的性别只是一个被规定和印刻在身体表面的想象，那么性别应该无所谓真或假，而只是由一套关于原初、稳定身份的话语生产出来的真实性的效应"（GT：136）。这样一来，一定有一种"实行"性别的方法能够使人注意到异性恋模式身份的建构性，即便这种身份一直呈现为"本质性的"和"自然的"，并从这种本质化和自然化的自我呈现中获利；从而，尽管所有性别都是一种戏仿，但是应该有一些性别操演方式比其他的更具有戏仿的特点。事实上，像扮装表演这样的戏仿性表演，通过强调演员身体与演员所表演的性别之间的错位，揭示了所有性别身份都是一种模仿。"通过模仿性别，扮装暗示了性别本身具有模仿的结构，以及性别的偶然性"，巴特勒写道，"扮装表演所带来的愉悦和幻妙，部分源于它令我们认识到生理性别和社会性别之间的关系从根本上是偶然的"（GT：137-8，强调为巴特勒所加）。

66 性别是"肉身的风格"（corporeal style），一个行为（或一系列行为），一种为了在文化中生存的"策略"，因为不正确地"做出"性别的人会被社会惩罚（GT：139-40）；它是一种重复，是复制的复制，关键的是，在巴特勒所描述的性别戏仿中，不存在一个用来复制的原件，因为被戏仿的正是"本原"这一概念（GT：138）。这样的性别操演并不试图掩盖自己的谱系，反而用夸张的方式来强调自己的形成过程，揭示异性恋身份与其复制品一样是建构的、"不是原作"，从而撬动异性恋中心的预设。

性别不是在我们出生的时候就一蹴而就、一成不变的，而是一系列重复的行为，最终固化成某种一直如此的外表。如果性别是在语言中发生的“一种被监管的重复过程”，那么就有可能以不同的方式来重复它，扮装表演便是如此（你可能还记得我之前所用的衣柜的比喻——撕裂衣服或者加上亮片，代表着我以颠覆和难以预料的方法“做出”我的性别）。正如我之前所说，你不可能直接去给自己置办一套全新的性别衣柜，因为巴特勒声称，“要拿起工具只能在工具所在之处，而‘拿起’本身则是以工具已在那里为前提”（GT：145）。所以，你只能用现有的工具（或者在我的例子中是现有的衣服），从根本上改造它们，从而揭示性别的“不自然”的本质。

这个理论有两个问题：第一，如何拿起工具取决于工具本身——也就是说，颠覆和主动性是被那些无法回避的话语所限定——甚至是规定的。这就引出了第二个问题，那就是如果颠覆本身也会被话语所限制和制约，那么我们怎么能知道它是颠覆呢？又应该如何区分颠覆性戏仿和“普通”模仿，即巴特勒认为每个人无意识地参与的那种？所有的性别都是戏仿，但巴特勒又警告说“戏仿本身并不具颠覆性”，并问到哪种表演最能够松动生理性别和社会性别，以及这种表演会发生在何处（GT：139）。有一些扮装表演的形式是毫无颠覆性的，只会强化现有的异性恋的权力结构：在《身体之重》中，巴特勒用达斯汀·霍夫曼（Dustin Hoffman）的《窈窕淑男》（*Tootsie*）作为例子，称之为“高级的异性恋消遣”（high het entertainment）的例子（参见本书第3章），我们还可以加上一部 67
之后的电影《窈窕奶爸》（*Mrs. Doubtfire*），罗宾·威廉姆斯（Robin Williams）在其中男扮女装去当保姆。然而，这些扮装表演都不具有颠覆性，因为它们强化了现有的“男性”和“女性”、“阳刚气质”和“阴柔气质”、“同性恋”与“异性恋”之间的区别。

什么行为能构成“颠覆”，而不只是一般的、日常的性别戏仿，在《性别麻烦》的最终章“从戏仿到政治”中也没有明确解答；在这章中，巴特勒称，我们有可能扰乱我们所以为的性别的基础，也讨论了这样的戏仿性重复会达到什么效应，但却没有表明究竟如何才能进行这样的颠覆。在《性别麻烦》的倒数第二页，巴特勒声称，“要做的并不是决定是否要重复，而是如何重复，或者说，通过重复、通过性别的激进的增殖，来撬动那不断重复的性别规范本身”（GT：148）。这句话提出了一个类似的问题：她已经说明，将性别视为一种效应并不表示性别是“完全确定了的”或者“完全人为的、任意的”，但有时，她所描述的主体又仿佛是困在话语之中，无力逃避或改变这一话语。这样的话，“如何重复”就已经提前确定，而看起来像是主体性的东西，无非也是经过粉饰的律法的一个效应。

不过，这并不是巴特勒所持的观点，并且她似乎乐观地认为有可能通过将身份去自然化、增殖和消解，能够揭示异性恋的建构的本质。身份的增殖会展现那些被目前的基础主义身份模型（即那些认为身份一目了然、毫无变化的理论）所制约了的本体论的可能性。因此，这并不是“主体之死”，或者至多是一个旧的、固定的主体的理论之死亡，而一个新的、建构的主体、一个带有颠覆的可能性和主动性的主体由此诞生。“建构与主动性并不是相反的；它是主动性的必要的场域”，巴特勒写道（GT：147；亦见 CF：15），因此，她回应了那些反对所谓“后现代”身份理论的批评者们常说的一种看法：“身份的解构并不是要解构政治；相反，阐述身份的那些做法即是政治”（GT：
68 148）。身份本质上就是政治性的，而建构和解构（请注意它们不是对立的）是主动性必要的——事实上是唯一的——场域。颠覆必须在现有的话语内部发生，因为除了现有的话语之外，一无所有。

然而，仍然存在一些重要的问题。我们已经发现，颠覆性的和普通的戏仿难以区分,而我们还没有回答的问题是,究竟是什么或者是谁在“做”戏仿这件事。事实上,如果没有话语之前的主体,究竟能否用戏仿和主动性这样的词,因为这两个词似乎都预设了“我”、行为背后的行动者?戏仿的性别这个概念究竟对于我们有何帮助?它是否真的能够揭示模仿之后并无原件,亦或只是令我们注意到扮装艺术家的刻意为之?下一节会讨论这其中的一些问题和批评。

## 《性别麻烦》的麻烦

巴特勒对性别身份的描述能够引发这么多问题,正说明了它的力量,《性别麻烦》的重要性,至少有一部分在于它在哲学家、女性主义者、社会学家,以及性别、性与身份的理论家中所激起的争议,很多人一直在担心“操演性”的含义,和这一概念究竟给主动性以力量还是阻碍,以及巴特勒究竟是否为主体敲响了丧钟。政治哲学家塞拉·本哈比(Seyla Benhabib)在1991年与巴特勒就此进行了书面讨论,并在1995年出版了《女性主义争鸣:哲学交流》(*Feminist Contentions*: *A Philosophical Exchange*);在她们的讨论中,本哈比称女性主义对于尼采的借用,也就是对她所称的“主体之死”的论点的借用,只能导致自相矛盾。本哈比问道,如果在性别表达背后没有性别身份,那么如何才能改变这些建构了女性的女性“表达”(她用这个词指代“行为”)?“如果我们无非是自己所表演的性别表达的总和,那么还会不会有机会暂停一下这个表演,落下大幕,而只在我们能够对剧本有所决定的时候再让幕布升起?”(Benhabib *et al.* 1995:21)。本哈比写道,巴特勒声称自我是一个伪装的表演,“现在,她要我们相信面具背后没有自我。鉴于女性的自我意识在许多情况下是多么的脆弱和微妙,她们争取自主性的 69

斗争有多少不计成败孤注一掷,将女性的主体性缩减为‘行为背后没有行动者’,在我看来,充其量是一种将不得已的事硬说成是意愿”(Benhabib *et al.* 1995:22)。

其他理论家也有过类似的看法:哪怕是虚构的,主体也是必要的;这些理论家都倾向于将“操演性”简单化地视为“表演”。事实上,这种简单化导致本哈比假定在幕布背后有一个主体性实体——我们知道,巴特勒恰恰驳斥这一概念。巴特勒在她的文章《仔细地阅读》(For a Careful Reading)中回应了本哈比的这些误读(其中一些误读仅仅是字面的),其中她就提到了将操演性简单化为戏剧演出的这种误读;这篇文章也收入了《女性主义争鸣》。

社会学家约翰·胡德·威廉姆斯(John Hood Williams)和温迪·西丽·哈里森(Wendy Cealy Harrison)也质疑巴特勒的“行为背后没有行动者”的观点,不过他们对于操演性的概念要更为了解一些。虽然他们认为解构性别的本体论地位是有益的,但他们担心这个新的本体论的基础——性别操演的概念——是否也同样犯了基础主义的错误(Hood Williams and Cealy Harrison 1998:75,88)。女性主义批评家托里尔·莫伊(Toril Moi)也认为巴特勒已经用“权力”替换了“上帝”(1999:47),这确实提出了一个问题,即巴特勒是否只是用一个本质化的主体(不稳定的、操演性的、偶然的)替代了之前的本质化的主体(稳定的、性与性别一致的)。此外,我们也可以问,将权力描述为增殖和自我颠覆,是否会使得我们忽视权力的压迫和暴力性质,女性主义理论家特丽莎·德·劳瑞提斯(Teresa de Lauretis)在她的书《性别技术》(*Technologies of Gender*)中提出了这个问题,尽管并不是针对巴特勒所提(1987:18)。我们也看到,巴特勒关于话语构建忧郁的性别认同的理论,可能意味着她所描述的主体,和拉康式的主体一样,是否定性的,它的关键是缺乏、失去和身处于无所不在、无处可逃的律法之中。

胡德·威廉姆斯和西丽·哈里森也质疑言语行为理论和精神分析理论能否结合起来,他们认为,巴特勒并没有引用精神分析理论中对于身份的讨论(1998:90)。他们指出,对于巴特勒这样一位对精神分析甚感兴趣的理论家而言,断言话语背后并没有"我"是很奇怪的,因为精神分析关注的核心便是"我"和自我形成的过程(Hood Williams and Cealy Harrison 1998:83)。此外,他们也认为巴特勒对弗洛伊德的解读甚为"独特"(1998:85);而理论家杰伊·普 70
罗瑟(Jay Prosser)也质疑巴特勒对弗洛伊德的分析,尤其是对于一段引文解读的准确性:巴特勒引自弗洛伊德的《自我与本我》的一段,这段讨论的是身体作为幻想的表面(fantasized surface)和自我的投射。普罗瑟的作品尝试"将个体的身体经验重新放入关于身体的理论"(1998:7),因此对他来说,身体究竟是幻想的表面化还是预先存在的深度是至关重要的问题。普罗瑟认为,跨性别的身份的理论在酷儿理论的研究中是核心问题(而跨性别的个体在巴特勒和福柯的作品中都很重要),因此他拒斥操演性的性别这一概念,认为"有一些跨性别者的经历,尤其是一些变性者的经历,正是在追求(操演性)这一概念所贬低的东西。也就是说,一些变性者所追求的恰恰是不具备操演性,是表述愿望,简单说来,是存在(to be)"(1998:32)。

在1999年出版的《性别麻烦》周年纪念版的再版序言中,巴特勒回应了其中的一些批评,她承认,这本书的第一版中有一定的疏漏,包括跨性别、间性人(intersexuality),与种族身份相关的性(racialized sexualities)和对于跨种族欲望的禁忌等。巴特勒也承认她对于操演性解释不足,她坦承,有时她没有区分语言意义上的操演和舞台意义上的表演,而她现在认为这两者这是相关的(GTII:

xxvi，xxv）。

巴特勒的下一本书《身体之重》延续了这本书中的疑问的方式，回答了一些《性别麻烦》中带出的问题，也提出了新的和同样“麻烦的”问题，新问题的主题是身体的“物质”（matter）、意义和它在话语中的“征引”。

## 小　结

《性别麻烦》质疑了主体这一范畴，巴特勒使用谱系学批判的方法，分析了主体在话语中浮现所需要的条件。巴特勒使用了精神分析、福柯和女性主义理论，来讨论同性情欲和异性情欲，以及它们如何在律法中相互建构。异性情欲是相对于它的贱斥的同性“他者”而建构起来的，而这一“他者”却从未最终或彻底被拒斥，因此一直在忧郁的异性情欲中遗留着痕迹。这
71 意味着，这些身份并非看上去那样是异性恋的、直接的或是单一的，而是可以被从内部颠覆的，从而揭示*所有*性别身份的本质都是不稳定的，是可以重新赋义的。《性别麻烦》中简论了一些颠覆性的做法，而下本书《身体之重》中还会进一步分析这些问题。

# 3

# 生理性别



## 物质之重

现在,假设你已经读过《性别麻烦》,完全相信性别是话语的效应,而非原因;你相当怀疑“主体”这一范畴,因为你知道这一范畴的建构基于暴力所排除的那些无法符合异性恋矩阵的“他者”。虽然你也有些担心身份内部的对立的性质,你满意地看到只要有黑格尔式的辩证法(通过否定而建构的主体)和福柯式的权力模型(权力是多元的、分散的、产生阻力的)相互补充,主体性和颠覆还是有可能的。你充分认识到操演性和表演之间的差异,明白了你的性别是一系列话语中构建的行为,现在,你在思考如何能够重新展现你的性别,来反抗异性恋矩阵。也许你还在思考你自己的忧郁的性别身份,并且考虑着你要以怎样的不同的方式来“做”自己的性别,从而能够暗示出那些你为了成为稳定的主体而不得不拒斥的欲望。明天就易装去上班可能不太现实，但是你觉得，一定有比较低调的操演性办法，能以有效地指出性别的本质是被构成和构建的。

74 到这里似乎都没什么问题——除了我突然开始直接指称读者为“你”。关于社会性别，你所懂得的一切都非常好，但是身体呢？讨论社会性别的建构是一回事，要理解波伏瓦所说的“女人不是天生的，而是后天形成的”并不需要太多的想象力飞跃，但巴特勒和波伏瓦所说的被建构的女性（同样的，还有被建构的男性）总不会也包括生理性别吧？就算我们同意“阳刚气质”或“阴柔气质”不是天生的，但这些理论家总该承认一个人生下来非“男”即“女”吧？否则不就是矫枉过正，将婴儿与洗澡水一起倒掉了吗？事实上，巴特勒难道不知道婴儿是从哪里来的吗？或者，正如她在《身体之重》前言里所说的那样，就没人悄悄告诉她吗？（BTM：x）。

## 身体与话语

事实上，我们应该能够料到巴特勒认为身体是在话语中建构的，因为在两篇关于波伏瓦的文章、一篇关于福柯的早期作品（《福柯与身体印刻的悖论》）和《性别麻烦》中，她已经讨论过“物质”这个问题。在这些作品中，巴特勒反对生理性别和社会性别之间的区别，在《性别麻烦》中，她甚至断言生理性别即是社会性别。如果我们同意身体不能脱离性别话语而存在，那我们就必须承认所有的身体都总是已经性别化了的。这并不意味着作为物质的身体不存在，而是说，我们只能通过话语来把握身体的物质性。巴特勒在论文《西蒙娜·德·波伏瓦〈第二性〉中的生理性别与社会性别》中，用存在主义的术语写道：“作为文化诠释的场域，身体作为物质性的现实，早已处于社会脉络之中，并被社会脉络所定义”；“身体也是一种情境（situation），在这情境中，我们不得不采用一系列他人对我们的诠释，并对此做出自己的诠释…… 一个人以自己的身体‘存在’，意味着一种以个人的方式来采用和诠释一系列他/她所受到的性别规范”（SG：45）。

以自己的身体“存在”和“是”自己的身体并不是一回事，因为前者意味着我们对物质性有一定程度的主动性和选择。但这怎么可能呢？巴特勒声称，社会性别是“采用或实现可能性的一种样式 75
（modality），一个诠释身体的过程，它赋予身体以文化形态（cultural form）”，这又怎么可能呢？（SG：36）。给身体一个文化形态是什么意思？身体当然已经有一个文化形态了；而且，我们大多数人不都是必须接受自己现有的身体吗？此外，巴特勒的论点，如何用于“种族”和“种族化的”身体呢？

《身体之重》不讨论如何通过打洞、纹身、或减肥/增肌等手段来改变你的身体：尽管这些做法很可能会改变你的身体形状和外观，它们都发生在一个已经由话语勾勒和构建的“场所”（site）。

巴特勒在《身体之重》中提出的许多论点是《性别麻烦》中讨论的延续，尤其是她所分析的操演性与物质性身体之间的联系。《身体之重》中，巴特勒对于操演性做了更详细的解释，将操演性明确地与德里达理论中的征引性概念联系起来。我们会在之后的小节中讨论操演性和征引性，还有巴特勒所说的询唤（interpellation）、意指和话语。如果《性别麻烦》是对性别的本体论的谱系学研究（参见第 48 页），那么《身体之重》可以视为研究身体的话语建构的谱系学，或者如巴特勒所说的那样，这本书是“对于话语操演的后结构主义式的改写，尤其是关于它在生理性别的物质化这一领域的运作”（BTM：12）。在她的分析中，巴特勒特别强调生理性别和社会性别并不先于“种族”概念，在讨论对于身体的规定的时候，她也增加了“种族”的概念（BTM：18）。这本书中，我们会看到“种族”、生理性别和社会性别被置于话语、操演与征引之中，或者被视作话语、操演与征引来解读。

## 《身体之重》这本书

许多读者觉得《性别麻烦》令人费解、难读、论述高度浓缩，而《身体之重》很可能加深这样的感觉。与《性别麻烦》类似，这本书也没有线性的结构，不是从一个概念“按照逻辑”进展到下一个。对于操演性、征引性、重新意指（resignification）等重要概念没有单列出来进行解释，而随后的索引也只有人名。此外，巴特勒似乎以旁征博引为荣：在这本书的开头，她声称，她引述如此“多样的写作
76 传统”，并不是为了展示所有这些作品中都贯穿了的异性情欲律令（imperative），而是为了说明不稳定的性化的身体如何挑战了可理解的符号性的边界（BTM：16）。与《性别麻烦》一样，巴特勒在《身体之重》中的政治性目的就是寻找可理解的话语的边界，从而使我们看到，目前的话语中哪些身份和身体是“重要的”，哪些则被忽视。此外，和《性别麻烦》中一样，巴特勒认为生理性别身份也是通过暴力拒绝和排斥（或“先行关闭”[foreclosure]）那些被认为“不重要的”身份，使它们无法进入异性恋矩阵；而异性恋矩阵则在维持自身的稳定性和连贯性中享有既得利益，它的维持必须以排斥“他者”身份为代价。

巴特勒讨论了珍妮·利文斯顿（Jennie Livingston）的电影《巴黎在燃烧》（*Paris is Burning*，1990）和内拉·拉森（Nella Larson）的中篇小说《冒充》（*Passing*，1929），并着重讨论了她所说的“社会性别规范的种族化”（BTM：182）。巴特勒坚持生理性别、性经验和社会性别并不先于“种族”，但我们会看到她在讨论主体的形成时，有

时候并未将"种族"列入讨论,因此似乎是格外看重性别身份。巴特勒对"种族"最详尽的分析在《身体之重》的第四章和第六章,在她对于询唤、意指和操演性的抽象的理论讨论之后。出于这个原因,我将"种族"一节安排在本章的最后——并不是为了给予社会性别、生理性别和性经验以特殊重要性,而是因为巴特勒对于"种族"的分析只有放在她之前所讨论的理论框架中才有意义。到目前为止,我一直把"种族"这个词加上引号,这是为了说明这个概念是有问题的、不稳定的,绝不是不言自明的。为了行文简洁,之后我会省略这个引号;但是,请记得在这本书中的任何地方,这个词的出现都伴随着*无形*的引号。

像之前几章一样,本章也无法详尽分析巴特勒所涉及的所有哲学家,因此在接下来的小节中,我将集中讨论以下问题:询唤和性别的采用(assumption)、意指、建构论、操演、种族之重、(重复)征引[(re)citation]和颠覆。

## 询唤和性别的采用 77

出生、纵欲、死亡;
人生几件要事便是如此。

(T.S.艾略特)

这句话来自艾略特未完成的剧作《斗士斯维尼》(*Sweeney Agonistes*)中的主角斯维尼。他阴郁地将存在缩减为这三件"要事",仿佛在说我们一生中唯一能确定的,便是出生、性、死亡,但巴特勒质疑的正是这些事和这一归纳。她屡次引用波伏瓦所说的"女人不是天生的,而是后天形成的",使得"出生"这件事变得复杂,而她在《身体之重》里对于"性"的详细分析则进一步质疑了斯维尼所说的"几件要事"。巴特勒并未详尽讨论过死亡的主题(关于巴特勒对于死亡和话语的看法,参见 Prosser 1988:55 和 SI)。

巴特勒在这里所说的"性"并不是指"性交",而是指一个人的性别身份。你在人口普查或者申请表上面勾选"男性"或"女性"框时,通常取决于你是否具备可辨别的男性或女性生殖器,这也决定了你出生时即被划分为哪种性别身份。讨论"划分"(allocation),就已经是预设了生理性别不是"自然"或给定的;巴特勒简短描述了在婴儿出生时所发生的"性别化"(sexing),并使用了询唤这一概念。她写道:

> 请想一下,医学的询唤(the medical interpellation)(尽管最近出现了超声波扫描技术)将婴儿从"它"变为"她"或者"他",并在命名(naming)的这一刻,女孩"成为女孩",通过这一性别的询唤而被带入语言的领域和亲属关系之中。但这位女孩的"成为女孩"并未结束于此;恰恰相反,这一询唤奠定了基础,它会由各种权威、在各种时候重述(reiterate),或强化或挑战这一已被视为自然的效应。命名既是设置边界,又是一种规范的反复灌输。
>
> (BTM:7-8)

无论是在出生前的超声波扫描时,还是在婴儿出生时,生理性别和社会性别的询唤就发生在这个人的生理性别被宣布的那一刻:"是个女孩/男孩!""Interpellation"在字典上的意思是吸引他人、召集、
78 引用或者打断;而巴特勒使用该词则是作为一个特定的理论术语,用于描述主体的位置如何通过"召唤"(hailing)的动作而被给出(confer)并被采用(assume)。我们可以这样改写刚刚说过的波伏

瓦的那句名言："女人不是天生的，而是被称为女人"。巴特勒的这一理论，来自阿尔都塞的文章《意识形态与意识形态国家机器》，阿尔都塞用"询唤"一词来表述一个人被一个权威的形象"召唤"进入她或他的社会和意识形态位置。阿尔都塞举例说：一个警察在街上对一个男人[原文如此]喊道："喂，你！"通过呼喊，警察将此人作为主体来询唤，而通过停下并转身，此人便这样接受了这个位置。阿尔都塞写道："通过这 180 度的身体转动[即转身]他成为一个主体"。"为什么？因为他承认这一召唤'真的'是在叫他，'真的是他被召唤'（而不是别人）……意识形态的存在和个人作为主体的召唤或询唤是一致的"（Althusser 1969：163）。

人们在意识形态中被询唤的方式多种多样，并不一定需要一个警察在街上喊"喂，你！"才能成为一个主体。事实上，本章的第一段就给出了一个（相对善意的）询唤的例子——当我直接称呼你，我的读者，仿佛我认识你，知道你读了什么，也知道你对于你读的东西有什么想法。用这种称呼的方式，我询唤了你，既是在字面意义上直呼"你"（我现在也是），也是在阿尔都塞的意义上，将你置于一个预先设定的"读者"位置（"你读过《性别麻烦》了，对吗？你看懂了/同意书中的论述，对吗？"）。在作出这些假设时，我就是在建构一个主体——你——在本书特定语境下的阅读主体，我预设你不仅熟悉《性别麻烦》及其中的论述，也赞同这些论述。在文学中，询唤的概念可以以托马斯·哈代的小说《德伯家的苔丝》（1891）为例来加以说明，这部小说的副标题是"一个纯洁的女人"。在小说中，安琪尔·克莱尔（Angel Clare）将苔丝询唤为道德"纯洁"，因为他预设了她是一位未经人事的纯情处女，而她也根据他心中的"恰当"的阴柔气质模式来建构自己，直到这种建构变得难以维系。

重要的是，询唤并不是单方面的，询唤之所以能够生效，是因 79

为你通过比喻意义上的“转身”——阿尔都塞所说的“180 度的身体转动”——承认自己是被召唤的主体。如果从字面上来理解，巴特勒所举的例子——婴儿在出生前或出生后被宣布是女孩/男孩——似乎并不成立，因为（据我们所知）当有人宣称“这是一个女孩/男孩！”时，胎儿或婴儿不会“转身”并承认自己。这并不仅仅是狡辩，因为巴特勒自己在《权力的精神生活》（*The Psychic Life of Power*）中也有一章（“良心使我们屈服：阿尔都塞论服从”）是关于询唤的，在那里她相当强调主体的承认和对律法的回应。我们将在本书第 5 章中讨论巴特勒对承认的进一步分析，以及她所称的阿尔都塞的“询唤理论”。

巴特勒将性别视为询唤，意味着一个人的身体部位（特别是阴茎和阴道）不是在出生时简简单单、理所当然地摆在“那里”的，相反，一个人的生理性别也是被操演性地建构的，她/他的身体被归类为非“男”即“女”（操演性将在后面的章节中讨论；亦见第 2 章中的讨论）。在《身体之重》的第四章“性别在燃烧：挪用和颠覆的问题”中，巴特勒认为主体通过回应法律的“训斥”（reprimand）——也就是警察的喊声——而采取了主体的位置。阿尔都塞认为这喊声是“单方面行为”（a unilateral act），巴特勒的看法则不同，她认为，询唤不是“一次简单的操演”，换句话说，它并不一定能有效行使它的命名行为，主体有可能以一种破坏律法的方式来回应律法。也就是说，律法本身提供了颠覆律法的条件（BTM：122）。

巴特勒承认，不服从的行为必须发生在律法范围内，必须借用那些构成我们的概念：我们必须回应警察的呼喊，否则我们就没有主体地位。但巴特勒认为，这一我们必须接受的主体地位，可以被称为（借用加亚特里·查克拉沃蒂·斯皮瓦克的术语）“有利的侵犯”(an enabling violation)。主体，或者说是“我”，所反对的建构，恰恰建构了自我，我的主体性只能来源于我身处于自己所反对的权力结构之中。主体总是牵涉在权力关系之中，但因为权力对于主体是有利的，所以主体并不是仅仅屈从于律法(BTM：122-3)。

如果一个人是被“呼喊”为某一个性别，而不是简单地生为“女 80
人”，那么就应该有某些实现自己性别的方式可以削弱异性恋霸权(heterosexual hegemony)。在这里，霸权指的是在权力结构中，主体并非身体受到胁迫，而是以意识形态的方式被建构(“霸权”一词最初由意大利马克思主义哲学家安东尼奥·葛兰西[1891—1937]提出)。在巴特勒创造的语法中，一个女孩并不是生为女孩，而是在其出生时或出生前就基于她是拥有阴茎还是阴道而“被女孩”了。巴特勒认为，这个区别是任意的(arbitrary)，被性别化的身体部位被投注(invest)了意义，婴儿本可以按照其他身体部位的标准来区分彼此——耳垂大小、眼睛颜色、舌头灵活性等。对于身体的感知和描述(“是个女孩!”等)绝不是中立的，而是一种询唤性的操演性声明，这一语言看似只是形容身体，实际上则塑造了它。再次强调一下，巴特勒没有拒绝承认物质的“存在”，而是坚持认为物质只在话语之内有位置，而话语总是构成性的，总是询唤的，总是操演的。之后，我们会分析巴特勒对精神分析学家拉康的讨论，那时我们会回到这一概念：被感知的身体——你也可以说这是身体部位的现象学。

## 话语与意指

在《性别麻烦》之后，你应该已经了解性别是一个效应而非原因，并且是一个重复的效应。在《性别麻烦》中，巴特勒认为性别是话语的效应，而不是话语的原因：“身体的反复程式化/风格化，在高度严格的管制框架内的一系列重复行为，使框架随着时间而持续固化，产生了实体的、看似自然而然的表象”（GT：33）。在《身体之重》中，巴特勒也使用了同样的论述，揭示看似“自然”的身体其实是话语的“自然化的效应”。这就是作为所指和作为意指的身体，只能通过语言和话语才能认识的身体——换句话说，是语言和话语所建构的身体。因此，我在之前才将“性别”放在引号内，来强调它作为一种意指和它具有重新意指的可能性。

在《身体之重》的第一章，巴特勒认为“物质性与意指不可分离（indissolubility）”：身体在语言中被意指，在语言之外没有一个物质原本的位置；她还问道，语言是简单地指向物质，还是物质性所
81 依赖的条件？（BTM：31）。在《身体之重》接下来的一章中，巴特勒又回到这个问题，继续强调语言的物质性和物质的语言性：“语言和物质性并不相悖，因为语言既是物质，又指向物质，而物质从未完全摆脱意指过程（BTM：68；亦见 Moi 1999：49）。

“物质化”（materialization）一词概括了这一观点：身体是一个时间过程，在语言中反复发生，而语言本身也是物质性的（在之前引述的早期文章中，巴特勒称身体为一种情境［situation］）。巴特勒在《身体之重》的导言中说道，身体是“一个物质化的过程，随着时间而越来越稳定，产生了边界、固着和表面的效应，我们将其称为物质”（BTM：9；强调为巴特勒所加）。像社会性别一样，生理性别稳定下来，或者说“凝结”（congeal）成为看似真实的“自然事实”，而巴特勒认为，如果全盘接受生理性别的“真实性”（事实上根本不是真实的自然存在），就是顺应了异性恋霸权。另一方面，对于生理性别的谱系学分析将解构身体，以显示不同的身体部位被如何用来意指及意指什么，而它们又怎样能够重新意指。

## 建构论及其缺憾

巴特勒很容易被归类为"激进建构论者"(radical constructivist),认为她简单地(甚至是顽固地)认为一切都是语言,一切都是话语——换句话说,一切,包括身体,都是建构的。然而,巴特勒声称,这样简化她的论述是对解构方法的误解,解构主义的论述并不能被简单地归纳为"一切都是话语建构的"(BTM:6)。解构,意味着要承认在主体的话语建构过程中有排斥、消除、先行关闭和贱斥化的运作,并分析这些运作(BTM:8)。和《性别麻烦》一样,我们又进入了一个辩证的矩阵,只不过此处是生理性别建立在反对和暴力排斥的基础上,被分配和呈现。同样,像以前一样,巴特勒将性别化的身份描述为忧郁的结构(也就是上文所说的"贱斥"和"破坏性的重返"[disruptive return]),由此她提出忧郁指的是为了确保异性恋身份连贯一致,原初的同性欲望必须被克服。

巴特勒质疑了一些对"建构论"的认识,也含蓄地回应了若干 82
关于《性别麻烦》的批评。将生理性别或社会性别视为"建构"可能会引起这样的问题:"那么是谁或是什么在建构呢?"巴特勒澄清了建构不是"由事先存在的主体发起的一个单方面的过程",而话语和权力也不是一个单一的行为,不能拟人化或归因于一个单一主体(在《身体之重》和《权力的精神生活》两本书中,巴特勒正是就这一点批判了阿尔都塞)。非常重要的是,巴特勒采用的是福柯式的权力的概念,认为权力是无穷的(myriad)、多元的(multiple)而分散的(dispersed),我们在《性别麻烦》中遇到过这个概念,巴特勒认为"我们甚至不能继续称'建构'一词在语法上占据主语位置,因为建构既不是一个主体,也不是一个行为,而是一个重述过程,在此过程中,'主体'和'行为'才得以出现。并不存在一个做出行动的权力,而是由被重述的行为形成了权力的持久性和不稳定性”(BTM:9)。

福柯常被误解为将权力拟人化,但他并没有将权力描述为一个“行为”的主体,也没有预设行为后面存在一个行动者。刚才引用的那句话中,“被重述的行为”(reiterated acting)并没有事先存在的语法上的主语,因此它是随着时间而不断凝结的一系列行为,制造了一个看似稳定、有权力的主体。生理性别是权力的效应,但并没有一个单一的主体在使用这个权力,权力也不能够被拟人化。和《性别麻烦》中一样,我们必须停止寻找(或紧盯)“行动者”,而是关注“行为”:换句话说,权力是无穷的、多元的、分散的,我们将分析其效应,而不是其原因。说巴特勒是“激进建构论者”的人,正是在这里产生了误解:他们认为有一个人在做这些建构,而巴特勒将生理性别和社会性别描述为操演性,正是要将他们所认为的原因和效应颠倒过来(“主体支配权力”还是“权力支配主体”)。在我们讨论操演性的生理性别之前,我们需要看看巴特勒对福柯、弗洛伊德和拉康的身体理论的讨论。

## 弗洛伊德、拉康和女同性恋阳具

在《身体之重》第二章“女同性恋阳具与形态学的想象”的结尾处,巴特勒声称女同性恋的阳具(phallus)[1]使得阴茎(penis)消失,因此使得解剖学差异和生理性别差异成为敞开的场域,从而出
83 现她所说的“增殖的重新意指”(proliferative resignifications)(BTM:89)。阴茎消失是去了哪里,而女同性恋的阳具又是什么呢?只有女同性恋者有,还是人人都有一个呢?如果人人都有的话,我们要

---

1 phallus(阳具)并不直接等同于作为人体器官的阴茎,而是为了与表示人体器官的“阴茎”(penis)相对应,请读者查阅本书中对“phallus”的定义。——译者注

拿它做什么呢？而形态学的想像又是什么，在哪里？

让我们从最后一个问题开始，思考这章标题中的两个术语——“形态学”和“想象”；我们会把女同性恋的阳具留待最后，巴特勒大概也不会介意这样的安排，鉴于阳具正是一个错位的（displaced）象征（不过她也认为阳具“从来不能完全令人满意”，所以你也不要有太高期望）（BTM：57）。“形态学”在字典中的定义是“关于形式的科学”，而在精神分析学语境中进行探讨，“形态学”则指示在自我形成过程中，身体所采取的形式。“想象”在这里并不仅仅意味着“幻想”或“空想”，而是拉康的想象（the imaginary）、象征（the symbolic）和真实（the real）三分法中的一个领域：

- 想象是意识和无意识的形象和幻想的领域；
- 象征秩序（the symbolic order）是指语言系统，婴儿被迫离开想象界，进入语言系统；
- 真实存在于有限的象征界与语言之外。

在《身体之重》一书的后半部分，巴特勒曾质疑真实界的存在，而在这一章中，她则融合了拉康所区分的象征和想象（BTM：79；亦见 CS）。巴特勒称自己所做的是重写形态学的想象，她追踪身体在获得身体形象（bodily image）和形态的过程中，各个身体部位是如何成为意指，又意指了什么。和《性别麻烦》一样，巴特勒再次引用弗洛伊德所说的“自我首先是一个身体的自我”（BTM：59），但在《身体之重》中，她指出，弗洛伊德似乎对身体部位究竟是真实还是想象犹豫不决。弗洛伊德式的主体通过疼痛而认识自己的身体，这样看来，对于弗洛伊德来说，身体似乎是先于主体的知觉而预先存在（巴特勒对弗洛伊德的这一点解读是有争议的，普罗瑟便对此提出异议［1998：40-1］）。巴特勒写道：“虽然弗洛伊德的语言表达了一种因果的时间性，身体部位先于它的‘意识’而存在，他虽

84 然强调了身体部位无法割裂于想象的划分区域(phantasmatic partitioning),但想象的划分将身体部位带进了心理经验”(BTM:59)。换句话说,一个身体部位及对该身体部位的想象(身体“想象的划分区域”)是分不开的,因此,“现象学可及的身体”(即通过知觉可以被感知的身体)与物质的身体是同一个实体。

弗洛伊德式的身体可以通过经验(尤其是疼痛的经验)而认知,拉康则从弗洛伊德的观点转向了对语言中被意指的身体的分析。巴特勒认为这是拉康对于弗洛伊德的“重写”,在此,拉康在理论中将身体的形态学视为具有精神投入的投射和理想化(idealization)(BTM:73)。一个人的形态,或者说身体的形式,是由自我所想象的,而这个自我并不先于身体而存在,因为“自我即是投射,”[以及]……“它必然是一个身体的自我”(BTM:73)。也就是说,身体和自我不能分开各自讨论,因为它们彼此互为投射。在这个被想象的身体中,某些身体部位被赋予某些意义,巴特勒认为拉康将阳具作为最重要的身体能指(bodily signifier)是出于男性的视角,她认为,阳具有可能被挪用和重新流通,而不必再与阴茎有本质关系。

巴特勒集中讨论了拉康的两篇重要论文——《精神分析所揭示的镜像阶段作为自我功能之形成》(1949)和《阳具的意指》(1958)。在《镜像阶段》中,拉康声称,婴儿是从镜像反射中获得了身体的完整性(bodily integrity)这一概念。在那之前,婴儿的身体自我认知是混乱、杂糅、零碎的,拉康称之为“混沌的婴儿”(hommelette),但是当婴儿看到自己的镜像时,她/他获得了身体轮廓感,也意识到了自己与其他事物的物质差异。巴特勒认为,在拉康的身体理论中,构成身体的不是愉悦或疼痛的经历,而是语言,因为镜像阶段正是婴儿进入语言或象征秩序的时刻。

语言并不简单地指示一个预先存在的身体,而是在称呼的行为中构成了身体;尽管在这里巴特勒自己并没有特别提到操演性的概念,但回想一下操演性的定义非常必要:话语拥有能够制造它所命名的东西的权力。巴特勒只是一笔带过地提到了“阳具的操演性”(她自己也承认是“草草带过”),但在关于女同性恋阳具的
讨论中,可以清楚地看到,无论是阴茎还是阳具,都是在话语中、被 85
话语回溯性建构的——也就是说,它们都是操演性的。

巴特勒和拉康在阳具的理论上分道扬镳(在此之前他们在很大程度上似乎都是一致的):拉康认为阳具是一个具有特权的能指,它可以使其他身体能指具有意义,巴特勒则认为阳具是“一连串意指的链条被压抑所带来的效应”——换句话说,在一连串意指的链条上,它并不具有不言自明的特权位置或者起始性位置(BTM:81)。然而,拉康和巴特勒有一点是一致的:对他们而言,阴茎和阳具并不等同,鉴于巴特勒将阳具称为“对器官或身体部位想象的重写”(BTM:81)。更简单地说,阳具是阴茎的象征,而不是阴茎本身。

巴特勒和拉康对于阳具理论的分歧,可以被看作两人对阴茎和阳具两者各自的意义及象征性都有的分歧:拉康断言阳具是首要的能指,巴特勒则否认拉康给阳具的特殊地位。阴茎和阳具的分离对于巴特勒而言至关重要,因为若阳具只是一个象征,那么它就可以象征任何身体部位,那些既不“是”也没“有”阳具的人(“是”和“有”阳具之间的区别,对于巴特勒和拉康都很重要)就能以颠覆的方式来重新给该符号分配位置(reterritorialize)(BTM:86)。能指(阳具)和所指(阴茎)之间的脱节,使巴特勒得以将阳具移出一个纯男性的领域,从而模糊“是”阳具和“有”阳具之间的区别:其实,没有任何一个人“有”阳具,因为它只是一个象征,而取消阳具与阴茎的联系,就意味着没有阴茎的人也可以重新部署(redeploy)阳具。

### “是”阳具和“有”阳具

在拉康的学说中,婴儿性发育过程中的一个关键时刻,便是
它感受到母亲渴望拥有一个她没有的阳具。拉康写道:“孩子希
望成为阳具,以满足这一愿望”。然而,小男孩实际上“有”阳
具,小女孩则必须“是”别人的阳具(例如在她长大后,对她阳具
性的身体产生欲望的男性伴侣)。对于拉康,这就是性别的区
86 分:对小男孩来说,他很幸运直接“拥有”了阳具,而对于女孩来
说,她为了“是”阳具必须牺牲一部分女性气质(femininity):“为
了成为阳具——他者的欲望的能指……一个女人要拒绝女性气
质的重要组成部分,即她所有的伪装(masquerade)属性。她希
望作为一个自己所不是的存在,来被他人欲望和被爱”(Lacan
1958:290)。

巴特勒写道:“那么现在的问题便是为什么阳具需要那个特定的身体部位来象征,为什么不能通过身体的其他部位来象征”,她认为阳具“可以错位”(displaceability),它能够象征其他身体部位或者与身体相似的物体,这使女同性恋阳具得以可能(BTM:84)。女性既可以“有”也可以“是”阳具,也就是说,她们同时经历着阴茎嫉妒(penis envy)和阉割情结(castration complex)[1];此外,由于“阳具本身并不能简单地归于一个解剖学上的部位”,男性也可以经历阉割焦虑和阴茎嫉妒,或者更确切地说,“阳具嫉妒”(phallus envy)

1 精神分析理论中,女性由于没有阴茎而嫉妒男性的阴茎,“阴茎嫉妒”被认为是女性心理的关键;而男性由于在俄狄浦斯(“弑父娶母”)情结中,担心受到父亲的惩罚,即阉割,因此产生了对于失去阴茎的恐惧,即阉割情结,这被认为是男性心理形成的关键。此处,巴特勒将阳具理解为“他人欲望的象征”,和生理上的阴茎并无绝对关系,因此男女两性都可能体验到这两种情结。——译者注

（BTM：85）。

阳具是一个“可转化的幻象”（a transferable phantasm）（BTM：86）和一个“想象的效应”（an imaginary effect）（BTM：88），是被想象的形态（或“形态想象”）的一部分，可以被挪用，并能够意指/象征不同的东西。这种“激进的重新分配位置”（BTM：86）剥夺了阳具作为象征和作为能指的特权，也揭示了它在身体图示（body schema）中的位置，身体图示就像语言一样，是一个可以重新分配的意指的链条，它没有一个作为起始的“先验所指”（transcendental signified）。巴特勒自己便充分利用了这一重新意指的可能性，将阳具归属到身体的其他部位，她写道：“‘有’阳具的象征也许可以是一条胳膊、舌头、一只手（或两只手）、膝盖、盆骨、一系列被有意利用的形似身体的物品”；“取消阳具的特权，并将它从规范性的异性情欲交换形式中移除，以及在女性之间凭借它再次交流和为它再次赋予特权，这些同时发生的动作利用了阳具，来打破它传统上所依赖的意指的链条”（BTM：88）。

巴特勒将阳具理解为是“可塑的”（plastic）能指，可以“突然”指代任何身体部位、话语操演或其他的物恋（fetish）（BTM：89）。然而，阳具仍有些难以捉摸，因为巴特勒没有指明这样的重新意指为什么能“突然”发生，为什么女人会想让自己的胳膊、舌头、手、盆 87
骨等成为阳具式的能指。重新意指的阳具这一概念具有的颠覆性，巴特勒坚持认为，你不需要有阴茎才能“有”或者“是”阳具，而有阴茎也不等于你将“有”或者“是”阳具。巴特勒写道：“女同性恋阳具为阳具得以有不同的意指提供了场合（一系列场合），并在意指的过程中，不知不觉地重新意指了它本身的男权与异性恋特权”（BTM：90）。

我们再次回到了这个观点：解剖学意义上的身体是话语或意义，而不是命运，这意味着身体可以被重新赋予意义，去挑战而非确认异性恋霸权。在《身体之重》第二章的结尾处，巴特勒说，我们并不需要一个新的身体部位，因为她并不是在讨论阴茎本身；相反，她要求的是移开在异性恋霸权中承担性别差异的象征的阳具，从而允许其他各种情欲愉悦的想象图示(imaginary schemas)(BTM:91)。巴特勒似乎已经从拉康的话语控制中夺取了这个一直具有特权的能指(BTM:82-3)，但她所描述的另类身体图示中的女同性恋阳具(BTM:90)，也完全开放给那些未认定为女同性恋的人，她们可以挪用并重新意指。的确，我们或许并不知道谁可以“有”和“是”女同性恋阳具，而男性说不定还会从其他各种情结中产生“女同性恋阳具嫉妒”，从而去颠覆和重新分配。

### 使用女同性恋阳具

这里所说的女同性恋阳具不是一个情趣玩具，也不可以藏在抽屉里(参见 GP:37)。**形态学想象**是身体通过想象或幻想的投射所采取的形状，巴特勒重写了拉康的形态学想象，使得阳具不再居于首要的能指的位置。巴特勒认为阳具和阴茎不是同义词，阳具可以被没有阴茎的人“重新分配位置”。这是因为，阳具象征的是身体所丧失或“消失”的一部分。通过断开符号(阳具)和所指物(阴茎)之间的联系，巴特勒得以移除拉康给予阳具能指的特殊地位。巴特勒在一次访谈中说道：“《女同性恋
88 的阳具》中也有一个暗藏的玩笑，因为在拉康的理论中，拥有阳具就是拥有对能指的控制权，就是写作、命名、授权和指定。因此，在某种意义上说，我对拉康的理论框架进行批判，就是在针对他来使用女同性恋阳具。这是一种女同性恋写作的模式，是一种戏仿”(GP:37)。

## 操演性的身体

在上一节中，我们看到巴特勒所提及的阳具的操演性，我们也讨论了她的观点：身体是被话语建构的，不能与称呼它和构成它的语言行为分割开来。现在，我们来看看巴特勒在《身体之重》的导言中所说的一个观点，即与身体有关的叙述性语句，在某种程度上都是操演性的（BTM：11）。再来看看我们之前提到的询唤的例子：警察在街上喊一个人，和医生或护士在超声波屏幕上看到胎儿的图像，喊道“是个女孩！”在第 2 章中，我们看到了巴特勒的操演性身份理论与奥斯汀的语言学理论的关系。在《身体之重》中，巴特勒再次借鉴了《如何以言行事》中的这些语言学理论。奥斯汀将语句区分为两种类型，一种是描述或报告事物的，一种是在言说的时候，就将所说之事付诸操作的。第一种被奥斯汀称之为叙述性语句（constative utterance）（奥斯汀也将之称为话语施效行为[perlocutionary acts]），比如说“今天阳光灿烂”或“我去购物了”这两句话；说“我去购物了”的时候，我并不在购物，而只是在报告这件事发生过。而如果我是一个异性恋男人，站在婚姻登记处，被问到“你是否愿意娶这位女子为妻？”，我回答说“我愿意”，那么通过说这句话，我就做了结婚这件事：这样的语句就被称为操演性语句或施事行为（illocutionary acts）。“为船命名的行为，就是（在合适的场合）说出‘我为其起名为某某’这句话，而当我在婚姻登记处或教堂等处说出‘我愿意’，我并不是在汇报这件事，而是身处其中”（Austin 1955：6）。

巴特勒说生理性别（“在某种程度上”）一直是操演性的，意思
是说身体不仅仅是被描述，而是由描述的行为所构成的。当医生 89
或护士宣称“是个女孩/男孩！”时，他们并不是简单地对自己所见

的进行报告(叙述性语句),而是在为一个身体分配生理性别和社会性别,这个身体并不在话语之外。换句话说,“是个女孩/男孩!”这句话具有操演性。巴特勒在《身体之重》最后一章“批判性酷儿”中又提到出生/超声波这个场景,她再次强调话语先于我而存在,并构成了“我”这一主体:

> “女孩”这一称呼是带有传递关系的(transitive),也就是说,它开启了“成为女孩”这一强制行为的过程,这个词——更确切地说,是它的象征功能(symbolic power)——支配着由肉体来体现的女性气质的形成过程,而这样的女性气质永远不会完全达到规范。这个“女孩”被迫“征引”规范,从而才能成为一个可辨认的主体,并持续如此。因此,女性气质不是选择的产物,而是强制的对于规范的征引,这一规范具有复杂的历史性,与规训、监管和惩罚密不可分。
>
> (BTM:232)

“是个女孩!”不是事实的陈述,而是发起“成为女孩”过程的询唤,这一过程的基础则是感知的和强加的(imposed)男女间的性别差异,而绝不是“自然”差异。巴特勒引用了一则漫画来揭示询唤的操演性,漫画中人们对着一个婴儿高呼“是个女同性恋!”,将婴儿置于生理性别—社会性别系统中。巴特勒写道:“对于操演性行为的酷儿挪用,并不是一个关于本质主义的笑话,而是模仿并同时揭示异性情欲主导的律法的约束力,以及它可以被剥夺征用的特性(expropriability)”(BTM:232;强调为巴特勒所加)。我们之后会进一步解释可剥夺征用性与征引这两个概念;在这里,要注意的是,由于生理性别和社会性别差异都是由话语、操演性地设置的,那么,就有可能以另一套话语组成的属性为基础,来指定或赋予身份。显而易见,宣布一个婴儿是女同性恋不是一个中性的描述行为,而是一个操演性的陈述,将婴儿询唤为这个身份。“是个女孩!”这句话的运作也是完全相同:作为操演性的语句,它使得这一“女孩”从此必须征引生理性别和社会性别的规范,从而才能在这一“称呼”她的异性恋矩阵内获得主体地位。

巴特勒说,“规范导致了‘征引’,从而制造了一个可以被接受 90
的主体,我们需要从这一角度来重新思索社会性别的操演性”(BTM:232)。巴特勒论述中所强调的、加引号的“征引”这个术语在《身体之重》中时常出现,它是德里达的一个术语,和操演性的概念既有不同又可并行。下一节中,我们讨论对于生理性别和社会性别规范的征引。

## 征引性符号

在上一节中,我谈到巴特勒认为女性气质不是一个选择,而是一种对于规范的强制性征引。征引生理性别和社会性别究竟是什么意思,巴特勒在《身体之重》中又是如何使用这个词的?《牛津英语词典》对于“引用”(cite)一词的定义,说明该词的词源与询唤的概念有所联系,不过巴特勒并没有提到这些词源上的联系。这个词来自拉丁语 citare,意思是发动或者呼唤,其含义如下:1)正式地召唤至法庭;2)召唤或唤起;3)引用;4)援引证明;5)想起、提到、指向。后面三个定义比较接近巴特勒所表示的意思;不过,第二个定义“召唤”也暗示了征引和询唤之间可能有的理论联系。

巴特勒所说的“征引”是德里达的一个术语,描述的是话语中如何使用本体论规范,这些规范有时是强制的,有时不是。奥斯汀认为,操演性的语句只有在一定的语境限制内并配合作者的意图(authorial intention)才会是“成功”的,德里达的文章《签名,事件,语境》是对奥斯汀观点的回应。在奥斯汀看来,一个陈述要有操演性(换句话说,一个陈述要能够产生它所称呼的东西),它必须1)由特定的人在适当的范围内说出;2)遵守一定的约定;以及3)考虑到说话者的意图。例如,如果一个脑外科医生站在教堂的祭坛前,面对着两个同性的人,说“我宣布你们成为夫妻”,奥斯汀会认为这句话没有操演的效力,因为脑外科医生大概并没有被祝圣,因此没有主持婚礼的权威。而如果一个牧师在晚上睡觉前,对他的两个泰迪熊小声说:“我宣布你们成为夫妻”,他也不是在主持一个婚
91 礼,尽管他有主持婚礼的权威,但这明显是玩游戏或者幻想。很显然,他的这句话和脑外科医生的话一样,不具有任何效力,因为1)语境不恰当;2)同性伴侣和泰迪熊都不符合英国和美国目前的婚姻法律或惯例[1];3)牧师的意愿并不是要真的让泰迪熊结婚。

奥斯汀区分了恰当和不恰当的操演,这个我们将在第4章中详述。现在要说的是,德里达抓住了奥斯汀所察觉的语言符号的“弱势”:毕竟,奥斯汀之所以会区分恰当和不恰当的操演,就是因为他知道陈述很容易被断章取义,违背说话人的意愿。德里达认为,在奥斯汀看来是缺陷或弱点的,其实是*所有的*语言符号的一个共性:能够被挪用、重申、*重新征引*——也就是本节的主题。德里达将此称为“符号的可重述性(iterability)本质”,这一特性使得符号无法被任何语境、习俗或者说话者意图所限定或封闭(1972:93)。德里达认为,符号可以被移植到不可预见的语境中去,也可以被以意想不到的方式征引,他将这些挪用和移位称为征引移植(citational grafting):所有符号都可以被放在引号里(“性别”、“种族”)、征引、移植、重复,而不一定符合说话者或写作者本来的意

---

1 此处所说的是本书英文原版出版时的情况,英国除北爱尔兰外,已于2014年立法允许同性婚姻,美国于2015年宣布同性婚姻合法。——译者注

图，这意味着，如德里达所说，符号内在地、必然地具备失败的可能性，甚至可以说，失败的可能性就是组成符号的一部分（1972：97，101-3）。

这些观点在《性别麻烦》中似曾相识，因为《性别麻烦》中虽然并未直接引述德里达，但失败、征引、重新征引对于巴特勒所讨论的颠覆性性别操演来说，都是关键的概念。在《身体之重》中，巴特勒认为德里达的征引性符号概念中提供了颠覆的可能性，而她也将自己理论中的操演性进一步推近征引性，因为她认为，通过征引性概念来重新思考操演性，可以帮助形成一种激进的民主理论（BTM：191；亦见 14）。具体来说，巴特勒认为，德里达的征引性可以作为一种有效的酷儿策略，从而使得那些得不到认可的性与性别身份不再被贱斥化和被排除，而是转换为一种政治的主体性。

在《身体之重》的最后一章，巴特勒提到，她所说的“富有争议 92
的‘酷儿性’的实践”（the contentious practices of queerness）就是一种作为征引性的操演性的政治操作（BTM：21）。巴特勒所说的颠覆性实践，就是性别操演被“征引”、被移植到其他语境中，从而揭示所有的性别操演都具有征引性，并且内在地—— 而且是必要和有益地——包含失败的可能性。《性别麻烦》中，巴特勒讨论了戏仿和扮装，这些颠覆和主体性的策略便是这种颠覆性实践的例子。在《身体之重》中，她再一次用扮装作为例子，并把它称为“酷儿麻烦”（queer trouble）；在符号的可重述性和征引性中，她看到了“尼采式的希望”。在下一节之后，我们将再次看到这些“制造麻烦”的方式。

## 种族之重

种族，可不可以如生理性别、性经验和社会性别一样，被征引和重新征引，来揭示律法是如何被挪用和颠覆？种族是被询唤的操演吗？种族身份是被“采用”的，还是一个人便“是”某一种族的？有没有可能再次套用波伏瓦的名句，说“一个人并不是生来便是黑人/白人，而是成为黑人/白人的”？巴特勒将《身体之重》描述为“对于话语操演性的后结构主义改写，探讨话语操演性如何造成了生理性别的物质化”，这句话中，“生理性别”可以被代换为“种族”吗？（BTM：12）

在《性别麻烦》中，巴特勒几乎没有提及种族；而在《身体之重》中，巴特勒则在分析身份形成的时候，特别加上了对种族身份的讨论（BTM：18）。巴特勒问道，如果说对身体的生产起到管控作用的机制，并不只是规范性异性恋，那还有什么其他“管控性的生产机制在勾勒身体的物质性”（BTM：17）？对此，她认为，“象征界——管控性身份所在之处——也同时一直是种族的象征，它根本上也是一个*种族化*（racializing）询唤的重述实践”（BTM：18；强调为原文所加）。巴特勒拒斥将性别差异视为高于种族差异的权力模式，她认为，在生育（reproductive）和性别化的实践中，种族和异性恋律令
93 （imperative）是同时运作的。

询唤并不仅仅是将我们“呼唤”进入生理性别、性经验和社会性别，询唤也是种族化的律令，将种族差异作为主体身份的条件。性别差异和种族差异并不是无关的，或者相互独立的两条权力轴线（BTM：116-17），巴特勒反复强调，生理性别和社会性别并不先于种族。“在这种一一列举的框架中看起来是分割开来的范畴，但它们实际上是互相作为条件。”她写道，“种族是如何以性经验模式体现？社会性别又是如何以种族的模式体现？殖民主义和新殖民主义的民族-国家（nation-states）又是如何在巩固国家权力的过程中编排性别关系？”（BTM：117）

这是巴特勒为自己所提的问题，但尽管如此，种族“之重”似乎并没有令人信服地融入她的讨论中（这就是为什么我将种族问题

单列出来，在倒数第二节这里讨论）。对于生理性别、性经验和社会性别，巴特勒分析了它们如何被询唤、采用和操演性构成，但对于种族和她所说的种族化规范（racializing norms），她却没有具体讨论操演的种族或者种族究竟如何询唤。此外，一些批评者认为，“种族化的”身体和社会性别化/性化/生理性别化的身体之间的区别是很重要的，应该予以保留。我们之前提到过“是个女同性恋！”的笑话：那个笑话之所以好笑，是因为人刚出生的时候是看不出来性取向的，而与此相反，种族往往（但并不总是）出生时就是如此。非裔美国理论家小亨利·路易斯·盖茨（Henry Louis Gates Jr.）在他的文章《大师之作》（The Master's Pieces）中，有力地总结了这个问题：“要记住，‘种族’仅仅是一个社会政治范畴，除此之外并无其他内涵。但与此同时，实际地说来，就算知道这一点，也不能帮我在125街和莱诺克斯大道的街角打到出租车。（‘麻烦您了先生，这只是一个比喻而已。’）”（1992：37-8）。盖茨这一讽刺的描述，说明了身体明显的“种族”（黑人或白人）与性化、生理性别化或者社会性别化的身体，并不能用一模一样的理论来解释；不过，这并不否认巴特勒所说的，所有这些权力的载体可以同时运作，并彼此协力运作。

巴特勒对于种族问题最详细的讨论是关于内拉·拉森的中篇小说《冒充》，这篇小说的主角之一试图“冒充”为白人。在这个故事中，克莱尔（“冒充”白人的女主角）的身体看不出来她是黑人[1]，她的白人丈夫偶然遇见她与一群黑人在一起，才“暴露”了她的黑人身份（巴特勒的用词，BTM：170）。巴特勒用《冒充》来说明种族和性的交叠和勾连，她指出了两位女主角间“隐默的同性情欲” 94
（mute homosexuality）和克莱尔的“隐默的”黑人身份之间的交叉，

1　在小说中，克莱尔的父亲是黑白混血，因此她的肤色是白色的，但按照当时的种族隔离法律，黑白混血的后裔无论皮肤颜色，均在法律上视为有色人种。——译者注而这两者都试图隐藏起来(BTM:175)。而且,正如异性情欲需要同性情欲来维持自己的连贯性,“白人身份”也需要“黑人身份”与自己并置,来确立种族的界限。在《冒充》中,异性情欲和白人身份的稳定性都受到了挑战,两个女主角之间的欲望的酷儿化扰乱并暴露了种族和情欲的双重冒充(BTM:177)。(对于种族和忧郁的讨论,参见巴特勒的采访《论言语、种族和忧郁》,1999)巴特勒对拉森中篇小说的分析,也“酷儿化”了精神分析理论,因为她揭示了精神分析理论所预设的性和白人身份。巴特勒认为《冒充》挑战了精神分析理论,这篇小说本身即是“关于欲望、错位和狂热嫉妒的理论化,其重要内涵使我们得以重写精神分析理论,明确使其成为关于种族的理论”(BTM:182)。

《身体之重》中另一处对于种族的分析,是巴特勒讨论珍妮·利文斯顿的《巴黎在燃烧》(BTM:121-40),这部电影讲述纽约哈林区(Harlem)的非裔美国人和拉丁裔“男人”们的变装舞会。巴特勒认为这部电影可以佐证她所说的理论:在主体的构成中,生理性别差异并不优先于种族或阶级,因此,象征界也是一套种族化的规范,具有种族因素的“性别”概念构成了主体(BTM:130)。巴特勒在分析了《巴黎在燃烧》和《冒充》之后总结说:同性恋和社会性别的理论优先性必须让位给更加复杂的对于权力的描述,这两个概念必须被放进特定的种族和政治语境中来考察(BTM:240)。

巴特勒本人一直谨慎地回避说任何一个概念优先于其他概念,《身体之重》的结构看起来却并非如此:就算没有暗示生理性别比种族更重要,至少也表明了这两者是可以分开讨论的。由于与种族有关的讨论都分散在几个章节之中(而这几个章节的重点又不尽然是“理论”,而更多是“文学”),种族“之重”也许和巴特勒的其他理论探讨还是有些疏远。我们可能会问,种族和女同性恋阳
95 具有怎样的关系,或者巴特勒描述的“女孩化”可否适用于种族身

份,但书中并没有在种族语境中讨论女同性恋阳具或者询唤/操演性的概念。不过,即使巴特勒没有明确指出种族询唤是如何发生的,“种族化规范”这样的词汇也已经表明了种族和社会性别、生理性别和性经验一样,是建构的,而不是自然的,是为了回应话语和律法的询唤性“呼唤”而被采用的。

## 酷儿麻烦

尽管《巴黎在燃烧》和《冒充》两个文本都是悲剧结尾,巴特勒仍强调了其中充满希望的不确定性。在巴特勒的分析中,《巴黎在燃烧》反映了规范性异性恋亲属关系的重新意指(在《安提戈涅的主张》中,巴特勒再次谈到这一主题),而《冒充》则同样揭示了不完全符合白人异性恋范畴的主体,如何松动了霸权的种族规范和性规范。这些规范绝非是铁板一块、不可动摇,相反,正如我们在上一节中所看到的,对它们的重述和征引完全可能挑战异性恋霸权。(对《巴黎在燃烧》的另一种解读,参见贝尔·胡克斯[bell hooks]的文章,《巴黎在燃烧吗?》[1996])

然而,如果说所有的语言符号都是征引性的,那么征引性本身并不是一个具有颠覆性的实践,也就是说,一些符号仍将会持续为压迫性的异性恋规范服务(这点我们已经知道了,因为巴特勒之前曾将阴柔气质描述为“强制的规范征引”[BTM:232;强调为我所加])。很显然,征引分为“好的”(颠覆性的)和“坏的”(强制性的),而问题是如何区分它们——我们将看到这并不容易。另一个问题是,话语和律法的运作方式即是藏匿自己的征引性和谱系,呈现出永恒和唯一的形态,而操演性也是如此,它“隐瞒或伪造它所重演的那些惯例”(BTM:12)。在这里,也需要区分两种操演性行为:巩固异性恋规范的,以及能够以揭示其偶然性、不稳定性和征引性的。

在前文中，我曾举了一个例子，在奥斯汀的语言学中，一位未经祝圣的脑外科医生主持一场婚礼，就没有任何操演性的（以及法律的）效力，因为它不符合普遍被认可和批准的习俗。但是，巴特
96 勒可能会认为，一个没有被授权的人说“我宣布你们结为夫妻”这句话，可以是一种颠覆性的政治策略，正因为它是对于一个不稳定的异性恋规范的重新征引，而规范本身就是可能被挪用的。所有的异性情欲符号都可以被挪用，有各种另类的、同样颠覆性的方式来征引这些符号：女同性恋阳具就是这样一个“重新征引”，巴特勒还举了其他的例子，包括舞台表演。在《性别麻烦》中，戏仿和扮装便是一种酷儿表演，是对异性恋忧郁的一种颠覆性的“寓言”（allegorize）（巴特勒的用词），从而揭示所有的性身份都具有的仿喻的性质。虽然巴特勒在《身体之重》中特别区分了表演和操演性的概念，她仍认为舞台为酷儿政治提供了不可或缺的机会。“关于酷儿如何不断地将表演政治化，有一系列历史可以记下，”她写道：“例如易装传统、变装舞会、上街、T-P（butch-femme）的景象……酷儿国度（Queer Nation）的当众集体接吻、为艾滋病而举办的扮装表演等”（BTM：233）。

巴特勒说“公众政策制定者对艾滋病问题的视而不见是灾难性的，对此的回应则是政治愤怒愈发地戏剧化”，而这一变化的最好的例子是“酷儿”（queer）一词原本是一种侮辱，但被挪用为一种肯定与抵抗的语言符号，这是一个询唤性的操演（BTM：233）。然而，尽管她可以在符号的偶然性和重新意指的可能性中不断发现颠覆性的潜力，巴特勒也意识到，征引不一定就是颠覆，她指出，某些对于异性恋规范的“去自然化”（denaturalizations）实际上强化了异性恋霸权（BTM：231）。如此一来，戏仿有可能被“驯化”从而失

去了颠覆性的潜力和功能，而仅仅成为巴特勒所说的“高级的异性恋消遣”（High het entertainment），巴特勒举的例子包括《雌雄莫辩》（*Victor, Victoria*）中的朱莉·安德鲁斯（Julie Andrews）、《窈窕淑男》（*Tootsie*）中的达斯汀·霍夫曼（Dustin Hoffmann）和《热情似火》（*Some Like It Hot*）中杰克·莱蒙（Jack Lemmon），这些角色都是异性恋娱乐产业为自己所生产的扮装表演（我们还可以举出朱利安·克拉里[Julian Clary]和埃迪·艾扎德[Eddie Izzard]的例子[1]）（BTM：126）。这类表演只能加固“异性恋”和“非异性恋”身份之间的界限，巴特勒认为，它们只能提供“异性情欲调控必须不断审查自身的边界，防范酷儿的侵袭，因此所需要的仪式性的发泄”（BTM：126）。

正如之前所说，很难将颠覆性的征引和操演从它们所反抗的权力结构中彻底分开，因为颠覆不可避免地牵连到话语和律法。 97
然而，这既是操演性的问题，也是它所蕴含的希望，巴特勒认为，利用现有的“资源”达到颠覆性的目的，需要警觉的注意力和辛苦的努力。她写道：“我们怎么区分我们所推动的力量和我们所反对的力量呢？”困难正在于我们无法提前预知，所以颠覆性的重新征引总是会包含一定的风险。巴特勒完全理解这一风险，她将自己的作品呈现给读者时，也面临着同样的风险，因为读者可能以不可预见的方式来诠释和使用她的思想。一个人所说的话的影响是无法估量的，因为操演和它们的意指行为没有一个明确的开始或结束（BTM：241）。也许，我们应该“征引”巴特勒自己的一段话来结束本章，她在此承认自己的理论也可能被挪用和重新使用：

> 主体去中心化（decentering）令人犹豫的后果之一，就是将

---

1　两人均为英国喜剧演员，以男扮女装的喜剧表演闻名。——译者注

自己的写作视为必然而不可避免的征用的场域。但这种对自己写作的所有权的让渡,会有一系列重要的政治性后果,因为一个人所说的话被占用、重整、变形,的确会开辟一片共有的困难的未来领地,如果一个人想要凭借自己的意指作用而完全认出自己,在这片领地中是一定会失望的。然而,我们其实从来都无法占有自己所说的话,因为说话从某种意义上来说,总是一个陌生人的言语通过我、以我的名义在说话,总是对于自己无从选择的语言的忧郁的重述,人无法将语言作为工具来使用,相反,说话的人是被使用的、被征用的,是不稳定的、持续的"一个人"和"我们"的条件,是具有聚合力的权力的充满矛盾的条件。

(BTM:241-2)

这段陈述可以被视为巴特勒的谦逊姿态或者免责声明;宣称一个人不是在使用语言,而是被语言使用,但并非在所有语境中都毫无问题("那些话不是我写的!是它们写了我。")。巴特勒在她的下一本书《激动的言论》中将分析仇恨言论(hate speech)、"淫秽"(obscenity)和审查制度,在那里她将再次讨论言语行为、语言责任和"意指作用的范围"(BTM:241)。

98
## 小 结

《身体之重》是关于身体如何被话语建构的谱系学。和《性别麻烦》一样,巴特勒认为性身份绝不是稳定的生理"事实"存在,而是在异性恋霸权之内,通过强行先行关闭那些被认为不"重要"的身份,从而被采纳和使用的。巴特勒引用了许多思想家来将生理性别描述为询唤(阿尔都塞)、操演(奥斯汀)、意指

(弗洛伊德、拉康)、构建(福柯)和重新征引(德里达)。奥斯汀和德里达的理论对她的影响,在本书中比在《性别麻烦》中更加明确,因为巴特勒在此借助征引性的概念来重新思考操演性的概念,她认为,如果生理性别是操演,是询唤和征引的结果,那么它也可能被重新征引以撬动异性恋霸权。

重新征引的一个例子是女同性恋阳具,一个身体部位(阴茎)的象征可以被没有阴茎的人挪用和重新流通。巴特勒认真地讨论了社会性别和生理性别的差异及种族是一起作用的权力的矢量,没有哪一个优先于其他。"生理性别化的实践"确保了异性情欲的律令,但它们也巩固(同时也挑战)了种族区分的界限。巴特勒举例说明了种族、生理性别和社会性别规范可以被颠覆,但她也承认,有时很难分清颠覆性的行为和仅仅是巩固现有的权力结构的行为。

# 4

# 语　言



## 问　题

如果像巴特勒说的那样，行为背后并没有行动者，那么对于仇恨言论和“淫秽”(obscenity)言论(我们将看到，“淫秽”并不是一个不言自明的范畴)，我们应该追究谁的责任，应该去责怪谁？语言有伤害他人的力量吗？又应该用什么法律方式来处理这种“伤害”？正如福柯所说，如果权力是生产性的而非禁止性的，那么社会禁止某些言论，反而有可能催生和增加它所要禁止的那些话语和陈述。如果符号不是稳定的，而是可重述的，永远无法完全被语境或惯例规定，那么伤人的陈述和词汇就有可能重新分配意指和重新获得语境。这样看来，或许我们应该承认和利用话语的这一性质，即所有词汇和陈述都不可避免地具有伤害人的力量，而不是寻求律法的帮助，因为律法本身也绝非中立或客观。

在《激动的言论》(1997)中,巴特勒讨论了富有争议的言论审查制度(censorship),继续研究主体-范畴,尤其是在语言这一问题上,特别是仇恨言论、同性恋的自我表达和所谓的色情和淫秽描绘。巴特勒分析语言的操演性(奥斯汀)、询唤的作用(阿尔都塞),
100 以及对话语没有控制权的说话者却被追究责任的逻辑(福柯)。巴特勒解释说:"激动的言论"是一个法律术语,指说话人在胁迫下所发表的言论,因而超出了说话人的控制。巴特勒认为,某种意义上来说,所有言论都超出说话人的控制(ES:15)。如果所有的言论都是激动的,那么说话者就可以要求减免责任,无法为早于自己和超越自己的语言而负责:事实上,他们甚至可以说,并不是他们在说语言,而是语言通过他们而说(在《身体之重》最后,巴特勒自己似乎就持这种观点)。巴特勒不赞同这种观点,我们之后会继续讨论这一问题。自始至终,巴特勒在分析中都坚持认为,尽管语言具有操演性,但语言并不总是"适宜的"(felicitously)("适宜"是奥斯汀的术语,表示一个陈述能够成功地实现它所说的内容)。巴特勒再次以失败的可能性作为重要入手点,来讨论符号的彻底的重新意指。

## 伤人的词语、联结的词语

有些读者可能会认为,语句(utterance)和行动之间的区别是不言而喻的:谈论或表现性行为和发生性行为显然不是一回事。但在前面一章中,我们谈到了奥斯汀的理论,认为有一些语句可以实现它所说的内容。奥斯汀区分了操演性语句(例如"我将此船命名为……")和叙述性声明(例如"我去游泳了"),后者仅仅是描述:说自己游泳横穿英吉利海峡和真的游过英吉利海峡是两回事,但是,如果语境正确,第一种语句("我将此船命名为……")在说的时候就是在进行它所说的行为。在《性别麻烦》和《身体之重》里,巴特勒将社会性别和生理性别描述为操演性,其中奥斯汀的操演性和叙述性语句之分至关重要,尽管在这两本书中,巴特勒也强调了奥斯汀认为这两种语句难以明确区分开。事实上,奥斯汀本人也承认,所有的话语在某种意义上都是一种行为,通过说一些话,我们总是在做某些事情(1995:92,94)。

如果我们同意所有的语句都是某种行动,那么不难想到,称呼别人"黑鬼"(nigger)或者"变态"(fag)是一种行为——一种侮辱他人的行为,也就是说,使用这样的侮辱性词汇和打人或向他们家窗户丢砖头这样的暴力行为之间,只有量的差别,没有质的差别。但另一方面,奥斯汀仍试图区分那些的确做出某种行为的语句(宣判 101
无期徒刑、宣布一男一女结为夫妻、命名一艘船)和那些导致某些后果的语句:他将前者称为*话语施事行为*,而后者则是*话语施效行为*。关于前者,奥斯汀有两个重要主张:第一,话语施事行为由其效应而决定,即奥斯汀所称的"领会力"(uptake);第二,这些影响来自语境和惯例的力量。也许你还记得我在第3章中举过一个牧师的例子,如果牧师在晚上睡觉前宣布两个泰迪熊结为夫妻,就不是一个操演性语句或者话语施事行为。这是因为没有泰迪熊的婚姻习俗,所以,尽管牧师有权宣布婚姻关系的缔结,但他的话在其卧室中完全没有约束力。然而,如果一男一女站在有此权力的人(婚姻注册官或牧师)面前,那么同样的一句"我宣布你们结为夫妻"就会具有法律约束力,作为一个话语施事行为,这句话在说出这件事的同时也完成了这件事。

在《如何以言行事》中,奥斯汀以为船命名为例,来讨论操演性行为。他声称,一句陈述要有效,必须要有适当的语境和惯例。"为一艘船命名*就是*(*在适当的情况下*)说出'我将此船命名为……'这句话。当我在婚姻注册官或者圣坛之前说'我愿意',我并不是在汇报一件关于婚姻的事情,而是身处其中"(Austin 1955:6;强调为我所加)。"在适当的情况下"这句话至关重要,因为如果没有适当的情况,语句就无法达到其预期的效应。奥斯汀又举了一个为船命名的例子:如果他看到一条船即将被命名,他走向这条船,在船身上敲碎一个玻璃瓶,然后宣布"我将此船命名为'斯大林先生'"。奥斯汀写道:"但问题是,我并不是被选定来命名这艘船的人",也就是说,这艘船并没有被命名为"斯大林先生","这只能是一个玩笑",奥斯汀说,"就像和猴子(或者泰迪熊)结婚一样"(1955:23-4)。如果我无权命名一艘船,或者进行其他操演性行为,那么我的语句就会失败。圣人无法为企鹅施洗(奥斯汀的另一个例子),人类不能和猴子结婚,而奥斯汀则无权将一艘船命名为"斯大林先生"。在奥斯汀看来,一个操演性声明的结果取决于惯
102 例和仪式(ritual)。然而,巴特勒在《身体之重》中就已经质疑了这种符号理论,在《激动的言论》中,她又谈到了这一问题。

如果我们同意奥斯汀在话语施事行为和话语施效行为之间的区别,那么我们可以说,在某些情况下,行为可被视为话语施事行为,在说话的同时就执行了所说的动作。然而,在《激动的言论》导言中,巴特勒对奥斯汀的语言理论提出了几点异见:第一,正如我们在前面的章节中所看到的,词语并不完全取决于语境或者惯例,或者用德里达的话来说,词语的意义从来都不是彻底"饱和的"(saturable)。言语行为并不只存在于它发生的那一刻,而是过去、现在,甚至难以预测的将来的意义的"凝结"。在这个意义上,言语行为是"激动的",或者说是超出说话者的掌控的(甚至超出说话者的理解),用巴特勒的话来说,这意味着语句很可能总是"(超越)它发生的那一刻"(ES:14)。

从这里,我们可以推到第二点:如果语言是一个意指的链条,在说话者之外延伸出去,那么我们就无法认为说话者是其言论的唯一发起者(originator)。巴特勒不认为我们对言语有自主的绝对控制。但是,虽然她坚持认为说话者永远不能完全控制自己所说的话,她也认为说话者在一定程度要为自己的语句负责,在某些情况下,说出伤人语句的说话者应该被追究责任。拥有绝对控制和承担责任并不是同义词,而说话者既是由语言塑造的,又反过来塑造语言。因此,巴特勒认为,责任的问题"从一开始就并不纯粹",因为说话者对言论没有绝对控制这一悖论"从言论的一开始就酝酿着一个伦理的两难处境"(ES:28)。

我们将会看到,想要为语句找到一个唯一的发起者,是律法的一种虚构,为的是要将对言论和表达的管制合理化,而巴特勒所谈到的"伦理两难处境"正是这一问题:如果并没有一个完全控制言论的主体,那么谁应该被定罪。巴特勒反对奥斯汀在说话者和所说的话、语词和行为之间的联系:语句并不总能执行它所说之事,操演性语句并不总是有效的或者"适宜的"——换言之,言语和行为不是同义词。同样,这是因为无论是语境还是惯例都没有绝对的约束力,语词没有一个必然的、单一的、预先决定的结果。巴特 103
勒所说的"言语行为的开放的时间性(open temporality)"包含了主体性和重新意指的可能性(在《激动的言论》中,她将"重新意指"拼写为"resigni-fication",用这个词本身的断裂来暗示语境和惯例可能发生的断裂)(ES:41)"在言语行为和其未来效应之间的断裂……开启了另一种语言主体性的理论,而不是一味地寻找法律解决方案",她写道,"语句一再发生,这之间的间隔使得重复和重新意指得以可能,也意味着随着时间的推移,语词可能脱离它们原有的伤害力,而重新以更加正面的方式来获得新的语境。"(ES:15)。

像在《性别麻烦》和《身体之重》中一样，重复和重新意指包含着新的可能性，是让语词可能重新获得正面意义的语境及颠覆性的再分配。而以此来回应仇恨言论，也许比法律手段更加有效。巴特勒寻求替代法律补救的方式，这是有原因的：我们接下来将看到，她认为在种族仇恨和与性相关的自我表达的仲裁案例中，法律本身就难以自洽，令人困扰。

## 法　律

在《激动的言论》发表七年前，巴特勒发表了《幻想的力量》(The Force of Fantasy)一文，讨论了已故摄影家罗伯特·梅普尔索普(Robert Mapplethorpe)和右翼的前美国参议员杰西·赫尔姆斯(Jesse Helms)，这篇文章与《激动的言论》一样，都认为法律对其立法的内容有力比多的注情(莎士比亚《一报还一报》[*Measure for Measure*]中的安哲鲁或许可以作为这种说法的一个文学例子)。在这两个文本中，巴特勒都讨论了本应管制仇恨言论的权威人士(参议员、律师等)如何重新传播了仇恨言论，而如果权威人士的发言与仇恨言论没有本质区别，那么寻求法律手段就没有什么意义。为了展示法律如何包涵它所要禁止的语言，巴特勒详细分析了一个具体案例中的法庭上所使用的法律话语，该案件涉及在一户黑人家庭门前的草坪上焚烧十字架[1]的举动是种族仇恨行为还是言论行为(ES:52-65)。

在考虑什么构成言论和什么不构成言论之前，我想详细讨论一下法律所具有的生产力和增殖的性质，我们看到，正是这些性质
104 使得法律操控了它本应监管的仇恨言论。正如法律为了立法监管

1　焚烧十字架是具有种族歧视和仇恨历史的KKK组织常用的象征。——译者注

仇恨言论，而制造了仇恨言论，为了定罪，法律也制造了有罪的言论主体。法律制造说话主体来追究罪责，又让我们想起了《性别麻烦》和《身体之重》中尼采式的观点：行为之后并没有行动者。在《激动的言论》中，巴特勒再次引用了尼采的说法，“在行为、动作、生成的背后没有‘存在’；‘行动者’只是加诸行为之上的一个虚构——行为本身即是一切”（1887：29）。在《性别麻烦》中，巴特勒用这一理论来解释性别：“在性别表达背后并没有性别身份；……身份是由这些‘表达’以操演性的方式构成的，而这些‘表达’被认为是身份的结果”（GT：25）。在《激动的言论》中，巴特勒将这一理论延伸至所有言语行为。我们或许可以这样改写她的这句话：“在仇恨言论的表达背后并没有仇恨-言论者；仇恨言论者的身份是由这些‘表达’所操演性构成的，而这些‘表达’被认为是身份的结果。”

如果我们认为在仇恨言论的表达背后，没有仇恨言论者，这样的主张会有怎样的后果？这个主张难道不危险吗？难道不是相当于允许种族歧视/同性恋恐惧/性别歧视大行其道、侮辱他人，再怪罪于“话语”头上吗？实际上，在仇恨言论的表述背后并无仇恨言论者这一主张，与巴特勒所持的语言理论相吻合，即并不存在拥有绝对控制的语言主体，语言是早于并超越说话主体的征引性链条，而说话主体是由话语和在话语中反过来构建的。这意味着，说话者无法为所说的语句负最终责任，因为他们并不是这些语句的唯一发起者；因此，声称仇恨言论表达的背后没有可以定罪的主体，意味着我们要重新考虑法律手段在这些案件中的效用。如果行为背后没有行动者，那么这些人是谁，他们又为何获罪？如果他们对于自己所说的仇恨言论并没有绝对控制，他们为什么要被追究责任？为什么不去起诉话语或者意识形态，因为是它们询唤了说话者来进行这样的仇恨行为？

显然,去起诉话语或者意识形态既不实际,也不可能,巴特勒认为,正因如此,法律虚构了一个主体,为它赋予了具有绝对控制权的主体性,从而才能将它定罪。巴特勒继续采用尼采的理论,认为一个有罪的主体被设置于行为发生之前,从而得以归咎于它和
105 追究其责任(ES:45)。虽然主体不是行为的有意发起者,但这并不妨碍法律追究一个根本上来说是虚构的主体。用巴特勒的话来说,法律为恶意言论制造了一位可以追究的发起者,从而在主体和其行为之间设立了"道德因果关系"(moral causality)。因此正如她所言,"两者(主体和行为)都被从'做出行动'(doing)剥离开来,而'做出行动'则是在时间上延伸出去的,它发生于这些道德要求之前,而无视这些道德要求"(ES:45-6)。这里,巴特勒所说的在时间上延伸的"行动",意思是语句发生在征引性链条上,而征引性链条的历史性(historicity)(巴特勒的用词)则是超越主体的,因此主体并不是唯一一个要对言论负责的人。法律将主体和行为间的道德因果关系视为理所应当,而巴特勒打破这种关系,认为主体实际上是一个"延迟的转移喻体"(belated metalepsis)和一个主体-效应(subject-effect)(ES:50)。转移喻体是在新的语境中用喻体替换本体;而说主体-效应是"延迟"的,这是因为主体是被法律回过头来放置在犯罪现场的,仿佛它本来就在。简单说来,法律需要某人或某物来为仇恨言论和"淫秽"负责,因此它就指向了一个主体,而这个主体原本就是它为了追究责任而创造的。

巴特勒问道:"将伤害追溯到一个主体的行为,而将司法领域当作首要的处理社会伤害的场所,这样将主体和言论的行为作为唯一的出发点,难道不会阻碍我们分析话语究竟如何造成伤害?"(ES:47)。那些反色情活动家很可能已经阻碍了对话语的谱系学分析,如凯瑟琳·麦金农(Catherine MacKinnon)和玛丽·松田

(Mari Matsuda),她们更加关注话语所造成的伤害,而不是话语的运作。《激动的言论》分析了话语所产生的伤害和主体-效应的设置。事实上,巴特勒的理论的确使指责变得困难,因为在仇恨言论和"淫秽"言论中,很难说清谁或者什么东西是有罪的。

## 再谈询唤

在接着讨论针对种族仇恨和"淫秽"言论的法律手段之前,我们需要绕个弯路,讨论一下阿尔都塞的询唤理论和主体的建构,该理论在《激动的言论》中再次占据了重要位置。你应该还记得在上一章中,我们讲到阿尔都塞所说的"街上的一个人"被警察呼喊到 106
"喂,你呢!",这人转过身来,通过承认警察是在叫他,由此进入了主体的位置,或者用福柯的话来说,他从而"主体化"了。有些读者可能会好奇巴特勒如何协调阿尔都塞与福柯的理论:如果认为权力是多元的、多样的和分散的,那么为什么主体会在街上被一个警察所唤出——警察显然是法律主权的象征?此外,如果询唤是一个操演性的话语,即它在呼唤主体的同时就构建了主体,而倘若我们知道话语不是仅仅来自一个具有绝对控制权的说话者、一个可以对话语单独负责的人,那么为什么警察的呼唤会有效呢?为什么在警察呼喊的时候,这个人会转过身来呢?如果他听见警察呼喊,却无动于衷地继续向前走,又会怎样呢?

《激动的言论》导言中有一段关于名称所致伤害的简短却重要的讨论,在此巴特勒再次提到了阿尔都塞的这个著名场景。巴特勒指出,我们只需要被称呼为一个名字就能被构建为主体,那么,用名称来进行人身攻击(name-calling)是如何运作的呢?虽然阿尔都塞似乎为那位在街上叫住路人的警察赋予了超凡的主权,但巴特勒认为,法律的询唤性呼喊并没有神奇的效应。相反,询唤也是征引性语句,要依赖语境和惯例才能产生效应,也就是说,它和其他语句并无区别,都依赖于各种条件。“从某种意义上说,警察是征引了呼喊的惯例,”巴特勒认为,“(他们)参与了语句的过程,而对于语句来讲,是谁在说它,这无所谓”(ES:33)。因此,询唤是一个征引性的、可以被任何人征引/激动的(ex-citable)语句,询唤超越了询唤者,询唤者对于自己的言论并没有绝对控制。

同样,虽然阿尔都塞认为被呼喊时,主体通过自己转身来取得了这个主体的位置,但巴特勒认为,语言对于主体的构建,并不一定需要主体承认询唤的运作。因此,法律可以呼喊我,而我可能并没有听到,但法律对于我的称呼——也就是被我忽视的那个称呼——仍旧可以构成我作为主体的社会身份。在另一方面,巴特勒指出,我可能会拒绝对我的这个称呼,但这个称呼仍有可能被继续强加在我身上(ES:33)。因此,虽然巴特勒指出主体是“准备好
107 被强迫”(readiness to be compelled)的(在《权力的精神生活》第四章中她会再次提到这个观点),但不愿意接受某一名称的主体,仍然有可能被其名称所构造。

询唤性的呼喊并不比其他操演性语句更有效或者更有力;巴特勒将阿尔都塞的场景放在福柯的权力模型和德里达的语言学框架中,认为不稳定的操演性话语中可能蕴含着潜在的主体性。巴特勒再次引用福柯的《性史(第一卷)》,认为权力并不来自一个单一的神圣的主体,也不会包含在一个名字中,因此询唤没有明确的起源或结束(ES:34)。如果说权力无法固定在某处或者某人,而询唤性的呼喊并不是必然有效的,那么也就是说我们可以将词汇重新分配意指,因为巴特勒认为词汇在语义上是开放的。她认为:“询唤经常会失准,它同时既要求对于权威的承认,又通过强制对方承认权威来给予对方身份”(尽管这种“强制”承认并不总能成功)(ES:

33)。我们无法选择询唤我们的词汇;虽然我们似乎无法逃避法律的呼喊,但巴特勒认为,语言是开放的,因此仍有可能产生“也许可以被称为主体性”的机会,“原本是服从的关系也可以在不断重复中被用于其他目的,从而在未来具有一定的开放性”(ES:38)。

我们会看到,对于仇恨言论,有一些回应的方式可以阻止仇恨言论产生原本会有的伤害效应;然而,正如我们之前说的,这并不意味着仇恨言论者对自己的语句毫无责任。事实上,巴特勒同意,有一些案件中,“也许”必须起诉种族仇恨或反同性恋等仇恨言论的说话者(ES:34,50)。(虽然在这种情况下究竟是谁的责任或者是什么责任并不明确。)的确,如果不存在具有绝对控制权的说话主体,也不存在一定有效的操演性语句,在仇恨语言或话语的情况中,怎么可能去追究责任呢?

## 法庭中的暴力

鉴于法律并不是完全客观的仲裁者,巴特勒主张我们在回应仇恨言论时,可以避免诉诸法律。巴特勒分析了种族仇恨和“色情淫秽”的法律判决,揭示了一些令人不安的反常情况,更加说明了 108
我们应该寻求法律之外的解决手段。在“R.A.V.诉圣保罗市案”中,一名白人少年将一个燃烧的十字架放在一户黑人家庭的草坪上。巴特勒指出,辩护律师自己就使用了本应被法律裁定的话语暴力,而将被焚烧十字架所威胁的黑人家庭视为有罪的人。(巴特勒将此案与罗德尼·金[Rodney King]案放在一起比较,指出了一些有启发性的相似之处。参见她的文章《置于险境:种族主义架构和白人偏执》[Endangered/Endangering: Schematic Racism and White Paranoia,1993]。)这些论证非常有力,但巴特勒对于法律的批评主要在于辩护律师将焚烧十字架描述为言论自由(free speech),从而使白人少年得到美国宪法第一修正案的保护。他们辩称,焚烧十字架并不构成破坏性行为,而是表达了一种观点——一种具有争议和令人反感的观点。因此,这一举动并没有被定义为“挑衅言论”(fighting words)(没有实质内容的、具有威胁性的话语),而是被定义为需要被保护的“言论自由”。

一旦涉及性描述,事情就完全不一样了。巴特勒坚持认为操演性具有失败的可能性,而这或许能为主体性打开空间;而审查制度的支持者们,如安德莉亚·德沃金(Andrea Dworkin)、松田和麦金农,则认为性描述在某种意义上实现了它们所描述的内容。在巴特勒关于麦金农的《言词而已》(*Only Words*, 1993)一书的讨论中,麦金农将色情作品视为一种仇恨言论,能够实现它所描述之物:麦金农将图像等同于言词、将言词等同于行动,因此认为色情作品实现了它所描述的内容,故应当被审查(ES:67)。巴特勒则不这样看,她认为色情描述是“幻象性的”(phantasmatic),是关于不可能的性经验既不真实也无法实现的譬喻,没有伤害力。巴特勒将色情作品视为“性别的不真实性的文本”(the text of gender's unreality),并认为“色情制品指向种种不可能实现的状态,它们影响着性别角色的社会现实,但是严格说来,并不构成社会现实;其实,正是因为色情制品无法构成现实,它们才具有了幻象性的力量”(ES:68)。

如果色情作品的力量是幻象性的,而非真实的,那么追究其罪责(或追究色情作品制作者的罪责)就没有什么意义。巴特勒认为,应该对色情文学及其所描绘的“不可能”的性经验进行女性主
109 义的、非字面意义的解读和重新使用(ES: 69)。(但在《身体之重》中,巴特勒则坚持认为,幻象和现实之间没有区别。参见本书第 3 章第 83-84 页和 BTM:59。)鉴于这些文本并不一定能有效产生操

演性作用,而审查单个文本也不会杜绝该文本或同类文本的流传,巴特勒由此认为,更加有效的办法是一种更困难的办法:用相反的方式来重读这类文本,承认“没有人能完全控制文本的操演性作用”。巴特勒指出,“如果文本能够起一次作用,它就可以再次起作用,并且有可能起到与之前相反的作用。因此就可能重新意指,得到操演性的和政治性的其他解读方式”(ES:69)。

我们稍后会继续讨论重新意指,但在此你可能已经产生了一个疑问:为什么色情文本可以有颠覆性的重述,而燃烧十字架就不能具有颠覆性?诚然,某些说话者和群体已经在重新使用“黑鬼”这样的种族歧视词汇[1](不过在《激动的言论》中巴特勒回避了这个词汇),但在讨论仇恨言论的时候,我们应该区分开种族歧视暴力行为和种族歧视暴力言语行为。这不是说燃烧十字架的行为就一定不能被颠覆或重新赋予意义,但对于这样一种涉及暴力和种族压迫历史的威胁性行为,左派的自由主义者还是会有所犹豫。在德里达看来,如果语言的结构性这一面能够大于历史性的这一面,那么操演性的符号就可以被从先前的用法扭转到其他用法(ES:148);虽然巴特勒似乎赞同这个看法,她仍承认符号的历史性具有重要意义(ES:57)。事实上,在《激动的言论》的导言中,巴特勒指出语言的历史是不可能清洗掉的,先前的用法对于符号的意义具有决定性的作用:“只有一种办法可以去除掉语言中的创伤性残留(traumatic residue),修通(work through)创伤,那就是在语言重复的过程中艰难地引导它的方向”(ES:38)。我们接下来会讨论如何在重复的过程中来“引导方向”。

我们看到,在“R.A.V.诉圣保罗市案”中,辩护律师认为焚烧十字架是言语行为,表达了一种观点,理应受到美国宪法第一修正案

1 指美国黑人俚语中使用“黑鬼”(nigger)一词来互相称谓或自称。——译者注

的保护。相比之下，德沃金、麦金农和松田等理论家所反对的性描绘则被认为不是言论，而是暴力行为，因此没有资格受到第一修正
110 案的保护。令巴特勒感到困惑的，正是“淫秽法案的任意性的和策略性的选择性运用”，从而限制非裔美国人的文化生产和同性恋的自我描绘。法律似乎并不足以分清楚是“说”还是“做”，而对于种族仇恨和性描绘的不一致的态度背后，似乎是意识形态在暗中做决定。巴特勒在这里又强调了说与做之间的丰富张力（ES：75）。她承认在某些情况下，“说”可以导致“做”出伤害，但她仍旧认为“审查言论的方式并不能有效阻挡仇恨言论的仪式性意指链条”（ES：102）。这不仅仅是因为法律本身所具有的反常可能性和暴力，更是因为对于话语和律法的复杂运作来说，审查制度是一个过度简化的回应。复杂性之一便在于，所要禁止和抑制的东西可能恰恰由此被产生和被保留。

## 军队的忧郁

其实，在《性别麻烦》和《身体之重》两本书中，我们都已经接触到了这个观点：禁令是具有生产性的。巴特勒在《激动的言论》第三章“传染的词语、偏执和军队中的‘同性恋’”中，继续探索禁令的生产性。章标题中，“同性恋”一词放在引号中，意味着它是一个建构的产物，而非限于语言的本体论的本质。的确，《激动的言论》一书中的同性恋，既是被军队和政府权威所制造的，也是被它们所禁止的，因为它们需要“同性恋”的存在，从而才能保证异性恋男性群体的凝聚力。在这个意义上，军队的话语是忧郁的，因为它必须保存一个表面上被禁止的力比多注情对象，巴特勒将此称为同时生产和限制一个概念（即“同性恋”的概念）（ES：105）。

巴特勒讨论了军队所使用的话语、律法和所产生的同性恋，在

其中，她主要借鉴了弗洛伊德的三部作品：《论偏执的机制》（1911），《文明及其缺憾》（1930）和《图腾与禁忌：原始人与神经症患者的精神生活的几点共性》（1913）。在《论偏执的机制》中，弗洛伊德认为对于同性欲望的压抑导致了社会性情感的产生，而《文明及其缺憾》则分析了欲望是如何在放弃欲望的结构中得以保留（preserve）的，禁令正是一种力比多投入的行为。在军队的语境中，
巴特勒认为，反对同性欲望正是一种保留同性欲望的方式。因此， 111
巴特勒认为，同性欲望永远不会被取消，而是“在谈到禁止的同时被保存下来”（ES：117）。

显然，军队权威并不会承认他们在这样做，他们希望能够禁止同性欲望的言说，因为在他们看来，言说就等同于性行为[1]。《图腾与禁忌》为巴特勒提供了一个理论框架，从而她可以讨论军队话语中所使用的传染的比喻，对于同性欲望的明言确认被比喻为一种疾病，特别是被比喻为艾滋病（AIDS）。在军方和政府的眼中，同性恋内容的言论就像具有传染性的液体一样，可以像艾滋病病毒一样“流传”（ES：110）。显然，这种流传被认为不“只是言论”，在军队和政府的话语中，语言被比喻为具有致命病毒的特征，可以对听者“起效”。因此，巴特勒分析道，出柜被视为一种性行为，人们将一种做法或行为等同于描绘它的言论，“这种变化、这种传递作用，既依赖又瓦解了言语和行为之间的区别”（ES：112）。

在另一方面，巴特勒继续坚持认为言论和行为并不一样，她认为，即使话语可以被理解为某种行为，也不意味着话语一定会对听者起到预先估计的效应（ES：113）。此外，虽然在军队中出柜是被

---

1 指美国军队对于同性恋、双性恋的“不问不说”政策（Don't ask, don't tell），即军方不会主动询问军人性取向，而同性恋和双性恋的军人不得公开性取向。“不问不说”政策于1994年2月28日生效，至2011年9月20日废除。——译者注

禁止的，但我们知道，官方话语本身就在维护他们所不承认的欲望。“禁令所要禁止的‘本能’或欲望反而在此得到错位的满足，在这里可以以谴责的方式重新体验被谴责的本能”，巴特勒写道，“欲望从未被放弃，而是在放弃的结构中得到保存和重申”（ES：117）。禁令不仅没有将同性欲望销声匿迹，反而在禁令的结构中保存了同性欲望，同时，军队的话语通过将同性欲望转化为罪恶感，从而制造了同性恋者这一形象，与巴特勒所称的“阳刚公民”（the masculinist citizen）形象做对比（ES：121）。

认为表达同性欲望的词汇具有能动性和传染性（或者说是能够传染的能动性），就意味着将具有同性欲望的主体视为具有攻击性和危险性的主体。军队的话语似乎具有操演性的力量，可以把
112 它所说出的东西变成现实（即同性恋者这一形象），巴特勒也承认，在更广泛的层面，语句有时会产生实效。即便这样，巴特勒所称的“话语所生产的同性欲望，对于同性欲望的讨论、写作和权威认可”仍然不能等同于它所指称的欲望：同性欲望是话语构建的，并不意味着它是只能指向语言的；换句话说，关于欲望的话语不是欲望本身的同义词，符号和所指仍然是不同的（ES：125），说语言能够产生作用，并不是说语言能够在某人身上产生具体作用（ES：113）。

巴特勒希望同性欲望能够“脱离”（disjoin）主流文化所塑造的那个形象：在主流文化中，同性欲望仍旧常常被视为传染和疾病。脱离这种形象，体现了巴特勒所说的“我们在语言中生活的未来”的可能性，表明了同性欲望的能指可以被公开争论、民主化地重新表述。符号的重新意指和开放的未来使得符号的语义永远不会确定不变，这就为话语中的能动性和可能性提供了条件，话语必然是“不纯净的”（impure），而语言的这些特性使得巴特勒得以为言论审查等法律手段提出替代性方案。

## 反对审查

巴特勒认为,诉诸法律等权威和制度对性描绘等内容进行内容审查,将有效地强化这些机构,并且默许它们在审查的过程中使用种族歧视或针对同性恋的暴力话语。出于这个原因,最好是完全避免审查制度。作为法律手段的替代方法,巴特勒认为,更有效的是利用符号本身在时间中的开放性:符号可以被从先前的语境中扭转,以难以预测的、颠覆性的方式来重新意指。和《身体之重》一样,《激动的言论》的最后一章中,巴特勒再次主张,符号首先是可重述的,因此永远是可以征用和彻底重新征引的。她再次讨论了德里达的符号理论,认为符号是可以重复的、相对独立的,不必然被其历史语境所限制。巴特勒在考虑历史性、语境和惯例时,除了德里达的符号理论,也引入了奥斯汀的语言理论和法国人类学 113
家和社会学家皮埃尔·布迪厄(1930—2002)在《语言与符号权力》(*Language and Symbolic Power*, 1991)和《实践的逻辑》(*The Logic of Practice*, 1990)中对于社会惯例的分析。奥斯汀坚持惯例的约束力,布迪厄将社会体制视为静态的实体,与他们相反,德里达则认为语境是"无边界的",而体制则和语言一样,会经历社会变革(ES:147)。惯例和体制可能会被打破,操演性行为可能会"失败"而未能实现所说之事,而这些失败则可以服务于一种重新意指的激进政治。事实上,巴特勒认为德里达"使我们得以思考操演性与变革的关系,思考操演性如何突破之前的语境,从而可能开拓未来的语境"(ESP:151-2)。而布迪厄主张,操演性语句只有由掌握权力的人说出才有效,从而提前限定了能动性的范围(ES:156),德里达则认为,能指的特征即是意指失败的可能性,因此,巴特勒所称的"主导的、'权威的'话语的可挪用性"使得这样的话语也可以被彻底的重新意指和重新征用(ES:157)。

现在,巴特勒要讨论的是至今仍被排除在“正义”、“民主”等概念之外的受压迫群体,他们开始要求运用这些概念。她认为,受压迫群体挪用曾经具有贬义的词汇——例如“酷儿”(queer)、“黑人”(black)与“妇女”(women)——这一做法具有一种操演性的力量,可以“耗尽”(deplete)这些词的侮辱性意义,而将其转化为正面的意义(ES:158)。虽然巴特勒仍旧认为颠覆地挪用是可能的,我们已经看到,她承认符号的固有用法的重要性,即符号在之前的使用中已产生的意义。巴特勒认为历史虽然不能决定语义,但符号在之前使用中产生的含义对于构成社会和生理身份仍然非常重要(ES:159)。不过,她也认为,“被污染的”词语有可能意外地被改写,她强调言语行为的不稳定性可能产生新的可能性,它可以重新获取语境,从而获得无法预料的新意义。这就是巴特勒所说的“操演性的政治潜力,操演性因此位于霸权政治的中心,并且对于解构性的思考提供了一个意料之外的政治可能性”(ES:161)。符号在
114 时间中的开放性,意味着侮辱或贬义称谓都可能促成激将式的动员(counter-mobilizations)和彻底的意义挪用,而巴特勒倡导我们冒险去挪用那些可能有害的称谓:“反抗性的言论正是对伤人的语言的必要回应”,她坚持认为,“如果身处险境,可以采取冒险的回应方式,对语言的重复可以强行转变它的含义”(ES:163;亦见 WIC,巴特勒在那里重申了冒险对政治的必要性)。

在最近的一次采访中,巴特勒举了一个自己亲身经历的语言冒险的例子,她描述了这样一件事:在伯克利,她遇到一个“年轻人”把头探出窗口,问她是否是女同性恋。巴特勒做出了肯定的回答,并指出她的对话者显然是打算用此问题作为一种侮辱,所以当她骄傲地使用“女同性恋”一词时,对方被吓了一跳。“这是一种很

有力的回应”，巴特勒解释说：

> 我并没有发明这个词：我收到这个词，然后将它使用回去；我反复了、重复了这个词……仿佛那个提问的人是在说：“嘿，我们该怎么用**女同性恋**这个词呢？我们该用这个词吗？”，而我回答说：“是的，我们来**这么**用吧！”又仿佛是这人探出窗外说：“嘿，你觉得我们在街上用**女同性恋**这个词，只可能是贬义的吗？”而我说：“不，我们可以在街上骄傲地宣称这个词！一起来吧！”我们于是协商了这个词的用法。
>
> （CTS：760）

在这个例子里，巴特勒将压迫性的语言从说话者那里“拿走”并颠覆性地重新给予意义，这正是她在《激动的言论》中所说的正面重新挪用。巴特勒在和伯克利“年轻人”的这段对话中宣示自己如何使用“女同性恋”这个词，并承认这个词可以有多种理解和使用方式，用这种办法，她移除了这个词发挥其暴力作用的所需要的情境。这段对话描述了她所说的实践可重述性（iterability-in-practice），正如她最后所说：“不，这段对话并不一定成为仇恨言论”。然而，我们仍然需要问一些重要的问题：如果要将一个词（比如“女同性恋”）移出它之前的语境，从而让它能够具有前所未有的“无害”的意义，仅仅靠一个说话者就可以做到吗？如果行为背后并没有行动者，那么是怎样的主体在进行这样的上下文重建？重新赋予意义必须被立即承认吗？此外，如果重新赋予意义只能发生在话语和律法之内，那么我们怎么知道他们本身并不是律法的产物呢？明知这些词并不能被“清洗”掉沉积的历史，我们又为什 115
么要挪用曾经用于压迫我们的词汇呢？这些挪用会不会是像被巴

特勒策略性拒绝的策略性本质主义那样，强化而非削弱主流话语？

## 最后的问题

这些都是具有挑战性的问题，虽然在《激动的言论》中，巴特勒也提出了或者承认了其中一些问题，但鉴于她惯用开放性结尾的风格，很多问题并没有令人满意的解答（不过现在我们大概会觉得，如果这些问题有答案，反而是怪事了）。这其中的说话主体的问题或许极大地影响到巴特勒在《激动的言论》中所延续的对于身份范畴的解构和她的语言理论。如果行为发生之前并不存在行为主体，如果行为背后没有行动者，那么巴特勒例子中那种语言和语义的重新分配，究竟是谁在做？作为一个“主体效应”的我，是否有可能做出自主和单方面的决定，来规定“女同性恋”现在是一个正面词汇——万一我的对话者并不同意呢？结束了与巴特勒的短暂对话之后，那位“年轻人”完全有可能并未改变对“女同性恋”一词及女同性恋人群的看法，而我们可以说，要判断巴特勒的挪用策略是否有效，部分取决于那位年轻人的回应。

这样看来，即使语境不具有约束力，语义共识仍然对操演性语言的成功与否至关重要。我们可能同意德里达和巴特勒的理论，认为符号和所指物并没有本质上的联系，但尽管承认这个链接的任意性，我们仍不清楚符号和其他所指物的重新链接究竟如何得以可能。正如在奥斯汀的例子中，一个人不能走在码头上，随意将一艘已经有名字的船再命名为“斯大林先生”，说话者无法通过一己之力改变符号的含义。如果巴特勒使用“女同性恋”表达一个意思，而伯克利年轻人理解的则是另一个意思，那么究竟有什么成效？根据巴特勒自己所讨论的阿尔都塞的理论，伯克利年轻人也许会继续以一种伤害和侮辱的意义而将巴特勒“叫”作女同性恋，即使巴特勒可以选择不承认这一对自己的询唤,这位年轻人的呼唤依然具有操演性力量,能够指示巴特勒并使她成为主体。换句话说,《激动的言论》并没有明确说明询唤行为如何被重演,它们的 116
意义又如何被改变。

巴特勒同意语词不可能被“洗掉”它的历史性,不过她仍然乐观地认为“被玷污的词汇随时有可能意想不到地变得干净”。然而,她并没有明确说明被玷污的词汇如何重新变得“干净”,而她自己似乎也不愿在《激动的言论》中使用这些词汇:“酷儿”已被广泛挪用,因此在很多情况下这个词已经没有贬义,但“黑鬼”则不一样——在某些特定情况中,由某些说话者所说出的时候,这个词仍具有侮辱性。巴特勒不愿重新定义这个词(在《激动的言论》中这个词只出现了一次),这可能正体现了她的犹豫不决:究竟语词是否会伤害人,以及彻底的重新意指究竟如何得以可能。这样看来,也许可以说《激动的言论》是一次失败的操演,因为它最终没能实现它所描述的理论。

另一个问题也已经浮现:我们是否想要巴特勒赞成的这种挪用和重新意指,也许这些行为只是表面上看起来具有颠覆性,实际上只不过是权力的效应罢了。我们为什么要保留或沿用曾经压迫我们的词汇,又如何区分颠覆性的重复使用和强化现存权力结构的重复使用呢?主体对于服从的依赖,是与《激动的言论》同年出版的《权力的精神生活》的核心问题,巴特勒在该书中继续讨论顺从、主体化和应对法律要求的自我顺从。

## 小 结

语言能否实现它所说的内容?言论能否造成伤害?威胁他人或谈论殴打他人和实际的暴力一样吗?描绘性爱或谈论性

爱/性经验算是一种“性行为”吗？谁来决定这种描绘是否“淫秽”或“色情”，而“淫秽”或“色情”的表达应该被审查禁止吗？

这是《激动的言论》中所提出的一些问题。在这本书中，巴特勒对于语言和主体的分析，借鉴了福柯、阿尔都塞、奥斯汀和德里达的理论框架。在《性别麻烦》和《身体之重》中，主体是
117 一个操演性实体，但在《激动的言论》中，巴特勒认为，语言不一定能够有效地产生操演性作用（实际上，完全不可能保证有效）；换句话说，它并不总是实现它所说的内容。此外，如果我们同意主体在行为*之后*才发生，而非存在于行为之前（《性别麻烦》和《身体之重》也有同样的观点，在这本书中又有重申），那么就会很难确定在仇恨言论或“淫秽”/“色情”的案件中应该起诉谁或起诉什么东西。巴特勒也探索了法律机构在什么程度上参与制造和传播了“暴力”/“淫秽”/“色情”的话语，而它们本应力图禁止这些话语。

如果我们同意尼采的理论，认为行为背后没有行动者，那么很难看出怎样的主体会带来语义和语言的改变，而巴特勒认为这样的改变对于一些被边缘化和被压迫的群体的语言的未来至关重要。此外，认为贬义词汇也可能被去除贬义是自相矛盾的，巴特勒自己也承认先前的历史对于符号的意义十分重要。贬义词汇为何要被挪用，也并不清楚，因为这有可能要求主体进行自我顺从，从而强化了话语和律法：《权力的精神生活》将讨论自我顺从和主体对律法的依赖。

# 5

# 精　神



## 脉　络

在《激动的言论》中，巴特勒强调主体应该拥抱污名；在《权力的精神生活》中，她同样认为，主体服从于压制他们的权力结构。在《权力的精神生活》中，巴特勒通过解读黑格尔、尼采、弗洛伊德、福柯和阿尔都塞理论中的精神(psyche)概念，认为这些哲学家描述了主体的形成过程：主体转向自我的反面并拥抱律法，而律法在惩罚主体的同时也构造了主体。主体的形成过程是同时取消、超越和保存(即Aufhebung[扬弃])的过程。巴特勒认为，由于社会身份认同离不开主体化的过程，因此主体充满感情地依附于(passionately attached to)管辖自己的律法和权威。我们再次看到，身份认同是通过否认、负罪和失去而获得的，主体形成的过程就发生在权力结构中，我们不可能逃脱或超越它。

然而,巴特勒也看到,一个人的精神不能逃脱律法,但是可以超出律法,主体性的可能就在这里,而《权力的精神生活》也可以被称为是对于精神生活中的权力的分析——换句话说,精神能够反转权力来对付权力自身。像以前一样,巴特勒在解读黑格尔、尼采、
120 福柯和阿尔都塞时,加入了弗洛伊德和精神分析的理论,从而能够描述权力结构中的禁止和拒绝都是具有力比多注情的,因此具备颠覆自身的可能性。

## 权力和精神

在巴特勒的分析中,一个人不是生为主体,而是成为一个主体的(改编一下波伏瓦的名句),而它通过服从于权力才能变成主体(PLP:2)。我们在以前的作品中就讨论过主体,在这里,巴特勒将其视为一个"关键的范畴……一个语言范畴、一个占位符、一个形成中的机构……个体所要达到的一个语言地位,从而能够复制它的可理解性(intelligibility)"(PLP:10-11)。(参见伊丽莎白·格罗兹[Elizabeth Grosz]在《女性主义与精神分析:批判性词典》中的"主体"词条,这会很有帮助[Wright 1992:409-16])。巴特勒并没有为"精神性"或精神下定义,但可以说"精神"一词指的是意识如何出现,尤其是如何在话语和律法之中出现。巴特勒在导言中说道,权力和精神的关系应该被放在话语和律法的语境中,来考察权力的精神形式以及权力结构中精神如何形成。在这个考察中,巴特勒同时使用了福柯理论和精神分析理论,但并不是为了把它们综合在一起,而是为了能够同时考察权力和精神,她认为此前的福柯理论学者和精神分析"学派"或者正统都忽视了这一题目(PLP:3)。巴特勒批评福柯在讨论权力时,忽视了精神的颠覆性潜力,但她仍使用福柯的权力概念,将权力视为多重的、多样的和生成性

的。如前所述,主体是它之前的权力的效应(PLP:14-15),然而权力也是主体的条件,没有权力,主体无法成为具有能动性的主体(看上去,主体仿佛就是具有能动性的主体,但实际上它"深陷于"权力结构中)(PLP:14)。主体并不拥有权力,它所拥有的能动性是它服从于权力结构所带来的效应:换句话说,主体需要权力才能成为主体,没有权力就不会有主体地位或能动性的可能性。主体只能作为在它之前就存在的权力的效应而出现,但它也能够超越这一权力;即便主体看起来仿佛(其实并不)存在于权力之前,权力也可以"作用于"它(PLP:14-15)。

之所以要强调这个因果关系,是因为如果主体只是权力的效 121
应,那么很难看到它如何能够颠覆现有的权力结构。巴特勒坚持认为这个主体的能动性在于"追求一个权力计划之外的目的,这个目的不可能从权力逻辑上或历史上衍生出来,它的运作虽然服从于权力运作,但与权力的关系却是偶然的和逆反的"(PLP:15)。主体与权力的关系是模棱两可的(ambivalent):它依赖于权力而存在,但它也以意想不到的、有可能是以颠覆性的方式使用着权力。我们将在适当的时候继续讨论模棱两可和能动性(agency)。

## 苦恼意识

在《欲望的主体》的第一章中,巴特勒分析了黑格尔所描述的主人和为主人工作的奴隶之间的关系,奴隶虽然知道自己的劳动对象最终会被主人所挪用,却仍然为了认识自己而努力工作。在《权力的精神生活》的第一章,巴特勒再次讨论了黑格尔描述的主奴关系和随后的苦恼意识(参见 Hegel 1807:"自我意识的独立和依赖:主人与奴隶"和"自我意识的自由:斯多葛主义,怀疑主义和苦恼意识")。和《欲望的主体》一样,巴特勒描述奴隶坚持劳动,尽管他明知其劳动对象最终会被主人拿走,即使这个劳动对象已经带有了奴隶的签名。因此,主人对于奴隶的自主权是一个威胁,然而,巴特勒认为,奴隶正是在这一威胁中认识了自己(PLP:39)。在黑格尔看来,工作是一种欲望的形式,是想要成为某种样子,它也是奴隶表示和认识自己的手段。因为奴隶的劳动对象是奴隶的自我投射,他会认为自己也是一个暂时的对象,可以被轻易挪用。

在主人终于被推翻之后,奴隶已经内化了自己在先前劳动中的服从关系,进而他的精神分裂为主人和奴隶,他的意识则与身体分裂。奴隶现在服从于自己,这种自我服从来源于他对道德律令或规范——他必须服从的律法——的恐惧。巴特勒继续追寻黑格
122 尔式主体的进程,其现象学"旅程"的下一阶段是斯多葛主义和怀疑主义:现在,苦恼的分裂意识将自己作为蔑视对象,因此它的身份成了一种"化身博士"(Jekyll and Hyde)[1]式的冲突和矛盾的结构(PLP:46)。苦恼意识不断责备自己,而在斯多葛主义阶段,它又成了巴特勒所说的"不断进行放弃的人"(an incessant performer of renunciation),因为它总是在放弃各种东西,包括放弃自己(PLP:49)。巴特勒认为,这种自我放弃是一种负面的自恋(negative narcissism),一种"对(主体中)最被贬低和最被侮辱的东西,投入强烈的关注":换句话说,苦恼意识迷恋于自己的贱斥,因为它通过自己的贱斥来认识自己(PLP:50)。

矛盾的是,斯多葛主义和自我放弃是对自我的确认,是愉悦的。在此,黑格尔预见到弗洛伊德在《文明及其缺憾》中对律法的分析(PLP:53-4)。主体在努力超越身体和愉悦,可恰恰是在此过程中,通过放弃而确认了身体和愉悦,所以,在这个发展阶段,主体

---

1 《化身博士》是英国作家史蒂文森所著的哥特风格科幻小说。主角杰克医生喝了一种试验用的药剂,在晚上化身成邪恶的海德先生四处作恶。——译者注

认识自己,正是通过巴特勒所称的"将贱斥神圣化"(the sanctification of abjection)(PLP:51)。这是主体唯一能够认识自己的方式吗?或者除了黑格尔在《精神现象学》第四部分中描述的这个自我贬低和自我放弃的方式之外,还有其他方式吗?巴特勒在讨论黑格尔之后的主体和服从理论时考虑了这些问题。

## 黑格尔之后

巴特勒尤其感兴趣的是,黑格尔所描述的这种自我贬低预示了日后弗洛伊德所讨论的神经症和同性恋恐慌(PLP:54),对于黑格尔之后的主体和服从性,巴特勒主要讨论了尼采的《论道德的谱系》、弗洛伊德的《文明及其缺憾》和福柯的《规训与惩罚》。这些文本的共通之处,在于它们都描述了主体如何依赖于服从性和自我否定,特别是对于身体或欲望的否定。

在精神分析所描述的主体形成过程中,身体绝不会彻底地服从,因为禁止是一种力比多注情的活动。这是我们在《激动的言论》中已经看到的观点,在这两本书中,巴特勒援引弗洛伊德的《文明及其缺憾》,进而得出此结论。在弗洛伊德看来,在声称放弃这一行为中,且通过这一行为,欲望被保留下来;在《激动的言论》中,
这意味着,"欲望永远不会被放弃,而是在放弃的结构中被保存和 123
强化"(PLP:56; ES: 117)。因此,主体附着于服从,因为服从本身就提供了一种愉悦,尼采在《论道德的谱系》中也指出了这点,而福柯在《规训与惩罚》中则发展了尼采的洞见。在《文明及其缺憾》中,禁止的律法产生出了它本来打算要抑制的身体;而我们知道,福柯——不同于黑格尔——认为,身体(通常)在抑制它的话语和律法之前是不存在的(PLP:60)。福柯关于服从的理论包含着主体性和颠覆性的潜力,而这些在《精神现象学》中似乎是没有的,这导

致了巴特勒从黑格尔转向福柯。

无论是尼采式的、弗洛伊德式的、福柯式的——其实还包括黑格尔式的——主体,它们的共同特征是与服从的关系。正如我们所看到的,没有服从就没有主体,这使得主体处于一种矛盾的位置中:禁止(prohibition)威胁着要关闭它的欲望,而它必须渴望被禁止。巴特勒在下面这段引文中表述了这一点——这里的重复可能是讽刺性的,因为这句话在几页后又被逐字重复了一次:"对于欲望的欲望,是愿意去渴望那个能关闭欲望的东西,而这正是为了能够继续欲望"(PLP:61,79)。由于欲望组成了主体的一部分,黑格尔之后的主体会渴望禁止,而不是毫无欲望,但它们对服从的依附,不意味着它们不能强调自己在服从中的能动性(agency-within-subordination)。

## 对律法的爱

尼采和弗洛伊德都使用了一种暴力的道德理论,来解释良知(conscience)的运作和精神(或灵魂)的产生。在《论道德的谱系》中,尼采区分了良知和坏的良知[1],并将后者定义为一种折磨"人"的疾病。尼采这样写道:"我认为坏的良知是一种顽疾,在最为根本的变化——发现自己完全囿于社会与和平的魔咒中——的重压之下,人们不得不屈服于这种顽疾"(1887:64),他描述道德如何使人向内转向,并将他的"野性"本能用于反对自己,而精神分析则将之称为压抑(repression)(1887:65)。

尼采的主体是自我暴力的结果,是由社会强加的禁止和道德而造成的自己反对自己,而巴特勒则特别关注主体所进行的这个
124 自我暴力行为。"这样的暴力奠定了主体的基础",她写道:"主体

1 bad conscience,又译为"内疚",此处保留直译。——译者注

可能会反对暴力,甚至反对自我暴力,但它本身就是先前的暴力的产物,没有这样的暴力,主体是不可能出现的"(PLP:64)。尼采强调:"人有这样的意志,即认为自己有罪和应受谴责,甚至超出赎罪的可能,他有这样的意志去认为自己受到与罪不相应的惩罚,他有意志去将所有东西都深深地感染和毒害,都变成罪与罚的问题"(1887:73;强调为尼采所加)。巴特勒也关注了主体负罪感中的自愿(volition)(也就是自我意志)的成分,但她认为,主体转向道德的自我反省,是一种构建自我的行为。

在《权力的精神生活》第二章中,巴特勒质疑尼采的"坏的良知"是否先于主体的自反式自我贬低,换句话说,主体是否是先前律法的产物。巴特勒认为,事实上,主体是"一种必要的虚构……是最初的艺术成就之一,而道德则以此为前提",所以,像在《激动的言论》中一样,我们可以看到,是法律虚构了一个主体,从而可以对其施展权力(PLP:66)。巴特勒指出关键是尼采所谓"坏的良知"是一个比喻(trope)、一个譬喻(metaphor),而他的描述并没有涉及本体论层面;换句话说,尼采并不认为在律法之前就有主体或者良知(PLP:69)。我们随后还会继续这个比喻的主体(tropological subject)的话题。在这里,巴特勒还指出,尼采对于良知形成的描述,受到他所描述的道德话语的影响,因为他所使用的词语都是良知形成的结果(PLP:77 )。巴特勒指出,尼采的谱系学本身便是坏的良知的产物,这里指出了一个问题,即谱系学研究能否脱离它所描述的权力结构。如果在管控之外来认识主体是不可能的话,那么巴特勒自己的理论也会同样受制于它所讨论的律法的话语,与律法难分彼此(PLP:77)。

巴特勒在弗洛伊德的《文明及其缺憾》和《论自恋》(1914)中都发现了尼采所说的坏的良知的回响,这两个作品都关注良知是如何运作的。弗洛伊德在对于神经症的分析中指出，精神对于一个下禁令者（prohibitive agent）有力比多依赖（libidinally attached），而这个下禁令者本身则成了欲望的纽带。我们在《激动的言论》中
125 也碰到过类似的论述，在《权力的精神生活》中，巴特勒重申了这个弗洛伊德式的论述，即力比多被压抑时并不是被否定，因为压抑的律法本身就有力比多注情。说到这里，巴特勒又重复了一遍我之前引用的那句话：“对于欲望的欲望，是愿意去渴望那个能关闭欲望的东西，而这正是为了能够继续欲望”（PLP：79）。如前所述，巴特勒认为，主体想要有所欲望，而他们欲望的对象则恰好会阻止他们欲望。压抑和欲望是无法分割的，因为压抑本身就是一种力比多活动；身体并不会企图逃避压抑自己的道德障碍，而是会为了能够继续欲望而维持这种阻碍。主体渴望有所欲望，与其毫无欲望，他们更愿意去渴望那威胁他们的律法。

“对于身体冲动的道德规范”，即身体欲望的压抑，本身就是一种欲望活动，而在《权力的精神生活》的第一章中，巴特勒也指出，道德律法的执行者其实是最严重的越轨者（PLP：55-6）。巴特勒举了文学中的例子，道德律法的执行者在施加禁令的时候感受到了（性的？）满足，但这一表述同样适用于我们在第 4 章中所看到的例子：美国前参议员杰西·赫尔姆斯通过制定审查色情出版物的制度而创造了“色情”的内容。在《激动的言论》中，巴特勒将军队禁止“同性恋”话语的行为视为偏执行为，而在《权力的精神生活》的第二章，她重返弗洛伊德对于偏执的理论，认为偏执是一种同性情欲的升华（sublimated homosexuality）（她再次提到了美国军队对同性恋的管控，作为通过放弃来保存欲望的一个例子）（PLP：82）。如前所述，否认和禁止是具有高度生产性的活动，能够在压制的同时生产和包含同性情欲（PLP：80）。在弗洛伊德的《文明及其缺

憾》中，对欲望的禁止反而生产了欲望，因此，巴特勒认为，尼采所说的坏的良知包含了自我（Self）、身体和欲望在“一种被自恋所滋养的自我贬抑”中反作用于自己（PLP：82）。

禁止、自我贬抑和自我惩罚对于主体的存在是必要的；而在弗洛伊德所说的压抑和禁止中，力比多和身体都无法被有效地或彻底地压抑，因为禁止这一行为自身就是主体欲望的对象。在这一精神的过剩中可能有能动性的发展，这一看法使得巴特勒批判福 126
柯，认为福柯在对权力运行的论述中忽视了精神的过剩和抵抗。

## 福柯的囚犯

在《规训和惩罚》中，福柯描述了主体形成如何通过在话语中身体的形成而运作。巴特勒指出，“形成”（formation）不同于“引发”（causing）或“决定”（determining），因此，福柯的这一论述绝不是将身体简化为“话语”。就像巴特勒之前所考察的一些对良知的论述一样，福柯所描述的服从也具有生产性，“一种生产中的限制”，主体必须要有这种限制才能形成。福柯所描述的服从中，并没有出现精神的概念（而精神并不等同于无意识），巴特勒“对福柯的精神分析批评”则认为，不可能脱离精神分析理论而描述服从和主体化，因为没有精神，就没有抵抗的可能性。在《规训与惩罚》中，福柯将灵魂（soul）（在这里作为精神［psyche］的同义词）描述为一种权力的禁锢，禁锢了被话语规范化的身体。然而，巴特勒认为，精神能够超出并抵抗福柯所描述的这种规范化话语：“对规训式塑造的抵抗，以及在规训式塑造之中的抵抗在哪里？”她问道。

> 精神分析中含义丰富的精神概念，如果被简化为禁锢身体的灵魂，这会不会减少对规范化、对主体形成进行抵抗的可

> 能性,这种抵抗正是来自精神与主体之间的不可通约?我们如何理解这种抵抗,而这种理解是否会意味着对于精神分析进行批判性的反思?
>
> (PLP:87)

对于巴特勒的主体理论,“抵抗的可能性”是至关重要的。她问道,如果福柯所说的精神/灵魂不过是一个禁锢,福柯如何解释对于权力的精神抵抗。相反,如果用福柯的视角来看精神分析理论,巴特勒又提出问题:精神的抵抗是否正是权力的影响,是话语的产物,
127 而不是消解权力的方式。抵抗总是发生在话语或律法之内,但是巴特勒所称的“精神剩余”(psychic remainder)——即在话语操作进行之后,精神中所“剩下”的因素——标识了规范化的边界,尽管即便是无意识也无法逃避权力关系,权力关系塑造了无意识的结构。

巴特勒还提出了她所谓的“福柯的身体问题”。如果福柯声称灵魂是身体的监狱,这是否意味着有一个预先存在的身体,规训结构是施加于这个身体之上的?在她早期的文章《福柯与身体印刻的悖论》中,巴特勒在福柯的身体和话语理论中指出了这一“悖论”:虽然福柯声称身体是由话语建构的,但他对律法铭刻机制的描述,又仿佛预先假定了身体先于律法而存在(FPBI:603)。在《权力的精神生活》中,巴特勒从这个悖论出发(或者说,从这个悖论延伸出去),认为身体和灵魂都是在话语中建构的,它们同时出现,在这一过程中身体升华为灵魂。“升华”是一个精神分析术语,指的是将性驱力转化为“文化”或“道德”活动,巴特勒用这个词来描述在“分离的自我”(the dissociated Self)出现时,身体的屈从和部分身体的毁坏。(“升华”一词的定义转引自 Wright,1992:416-17)。然而,巴特勒认为,身体升华为灵魂或精神后,仍然留下了“身体剩

余”(bodily remainder),这样的剩余超越了规范化的过程,在巴特勒所称的“一种构成性的失去”之后存活了下来(PLP:92)。巴特勒认为,“身体不是建构发生的场所,而是在主体形成的场域(occasion)所进行的破坏”(PLP:92)。我们再一次遇到了巴特勒的悖论,但这正是《权力的精神生活》的核心悖论:主体的身体受到(来自话语的?)作用和破坏时,主体得以形成,这就意味着这种破坏是一种具有生产性的破坏,或者说是一种扬弃,因为身体和精神都是在话语结构中同时形成又被破坏了。

对于主体,精神分析与福柯理论之间的对比是很明确的:在前者看来,精神(可能还有身体)是过剩的场所,是有可能发生抵抗的场所,而在福柯看来,所有的抵抗都发生在律法的范围内——实际上,抵抗正是作为律法的产物而出现的。巴特勒模仿福柯的语气写道:
“抵抗似乎是作为权力的产物,作为权力的一部分——它的自我颠 128
覆”(PLP:93)。即使如此,在福柯式的无数和无处不在的权力结构中,律法仍然可能会被颠覆性地重申和重复,以破坏现有规范的稳定性,而巴特勒的问题则是,如果权力作用于主体,要如何以及向什么方向去作用于权力关系(PLP:100)。由于福柯的主体永远都在建构的过程中,这些过程很容易被重复,这也意味着很容易被颠覆,而巴特勒则注意到,在这种身份模式中,还有重新规范化的危险,并且她想知道如何从话语本身中产生抵抗(PLP:93,94)。

巴特勒再次通过精神分析的视角阅读福柯的理论,她认为,虽然福柯声称精神分析将律法与欲望分离开来,但其实若没有律法生产和维持欲望,欲望就不可能存在。我们回到了弗洛伊德的理论,力比多注情的律法和本身就是一种欲望形式的禁止,因此,巴特勒反对无意识在权力结构之外的观点,而是认为权力本身具有无意识,从而具有彻底重述的可能。主体是在社会中被律法的伤害性词语构建的，而主体之所以接受和使用这些伤害性词语，正是因为它们能够被重复和重申。巴特勒写道："我被一个伤害性的名字称呼，因而形成了社会性的存在；鉴于我对自己的存在难免有一种依赖，而任何令我存在的术语都包含一定程度的自恋，从而我必须接受伤害自己的词语，因为它们构成了我的社会性存在"(PLP：104)。名称-称呼的运作，也就是询唤，以及对律法的热切追求，是巴特勒对于福柯理论和精神分析理论的补充，我们在下一节中将继续讨论这个问题。

## 逆向询唤

巴特勒在《权力的精神生活》中再次批判了阿尔都塞所描绘的有效的询唤操演行为和面对律法的呼喊自动转身的顺从主体，与《身体之重》和《激动的言论》一样，巴特勒认为律法没有神圣的操演权力去将它所命名的变成现实。巴特勒比较了三个例子：阿尔都塞的警察所说的"喂，那个人！"，宗教的洗礼，以及上帝命名彼得
129 和摩西，命名使主体获得社会性存在。然而，这种对命名的神圣权力的描述，预先假定了一个愿意转过头来接受称呼的主体，因而，问题是：在发出称呼之前，被称呼者是否已经存在，还是说命名的行为使主体成为存在。从前面对于询唤和操演性的讨论，我们可以猜到，巴特勒认为是后者，她认为主体的形成是通过重复性地为自己洗清律法指控的罪责(PLP：118)。

有罪和脱罪的双重行为是主体的条件，因而，在阿尔都塞的理论中，成为一个主体与成为"坏人"是同义词(PLP：119)。巴特勒仍旧探究的是她在《激动的言论》中所说的问题：询唤如何通过失败，或者说"失准"(missing its mark)而运作；在《权力的精神生活》的第三章中，她强调了不稳定的身份和误认(misrecognition)中所蕴含

的颠覆的可能性。尤其是如果呼唤主体的名称构成了一个社会中的劣势身份(巴特勒列举了“女人”、“犹太人”、“酷儿”、“黑人”和“墨西哥人”[Chicana]),那么精神或者想象会超越这些符号性的名称(PLP:96-7)。此外,“转身过去”和认出自己也有不止一种方式,就像在《身体之重》中一样,询唤并非直接起效,并非一定能够实现所命名之物的操演行为。

巴特勒在《权力的精神生活》的第四章(“‘良知让我们所有人都成为主体’:阿尔都塞论服从”)中,以精神分析的视角解读阿尔都塞,展示了询唤性的呼唤可以被超越,而不是被逃避。在巴特勒看来,阿尔都塞的主体对律法有感情的依赖,因为在此之前社会身份唯有通过对律法的罪责的接受方能获得。阿尔都塞本人可以视为一个自愿追求律法的例子:根据他自己的叙述,他回忆说,在杀死自己的妻子埃莱娜(Hélène)之后,他跑上街头给警察打电话。阿尔都塞的认罪逆转了询唤的场景,因此在这个例子中,是主体向警察喊出了“喂!那个人!”以争取通过谴责而被赋予的社会身份和主体地位。

因此,阿尔都塞的询唤类似于尼采的奴隶道德或弗洛伊德的良知,但是阿尔都塞的理论似乎预设了先于律法而存在的主体来呼唤律法(PLP:117)。巴特勒着重讨论阿尔都塞所强调的主体对律法的罪责的接受和自我脱罪,她认为,在执行这个“仪式”之前,主体并不存在(PLP:119)。主体是通过既是顺从又是掌握的行为而产生的,但这些行为都不是由主体做出的,因为主体是这些行为的结果,而非原因(PLP:117)。阿尔都塞在律法前面预设了一个主体,这是一个语法问题,因为作为原因的主体(subject-as-cause)是因 130
为语法的需求才被放置在意识形态和律法的呼唤之前的;而巴特勒则认为,权力通过命名,既激活主体又作用于主体之上。巴特勒认为，“如果说命名是呼唤（address），被呼者在呼唤前就应该存在。但是，鉴于呼唤使用的是一个名字，而这个名字创造了被命名之物，应该说在有‘彼得’这个名字之前，‘彼得’是不存在的”（PLP：111）。这可能听上去又是自相矛盾的，但其实巴特勒的表述和她之前的《性别麻烦》、《身体之重》和《激动的言论》中所讨论的因果关系在结构上是一样的。你可以回想一下，在行为背后没有行为者，行动本身就是一切。

巴特勒在之前对于询唤的讨论中曾提出这样的问题：能够通过服从而赋予社会身份的律法所询唤的究竟是谁，或者是什么？她也质疑了律法的操演是否有效。律法的询唤并不是神圣的操演，毕竟，还是有办法可以转身而不应答，巴特勒将这称为“不要存在的意愿——批判性地去主体化——从而揭露出律法并没有它看上去的那么强大”（PLP：130）。巴特勒在之后的一篇论文《何为批判?》（What is Critique?）中也强调了放弃一个自洽的身份所具有的颠覆的可能性。在这里，像那篇论文中一样，巴特勒问道，要如何理解这种构成主体的欲望？律法如何利用主体，而主体允许自己屈从于律法从而能够在社会上获取位置？与其顺从地回应那个询唤自己的词语，更道德且更具有颠覆性的方式，正是在律法的呼唤中不认出自己，从而未能获取存在（PLP：131）。反正主体本来也就不可能以任何自洽的方式“存在”着——这一点我们在巴特勒之前的论述中已经看到，被贱斥和社会所不能接受的欲望会一直困扰着主体。像《性别麻烦》和《身体之重》里一样，《权力的精神生活》继续了这种观点：社会性别化和性别化身份的忧郁，会永远且不可避免地超越那些构建它们的社会词语。

## 131 再探忧郁的性别

巴特勒所分析的这些服从和主体化的理论，与社会性别化和性别化身份有什么关系呢？早在《权力的精神生活》中，巴特勒描述了“某种”同性恋身份是从禁止和失去中浮现出来的：她在描述颠覆性挪用和重新规范化的危险时，曾经讨论过同性恋，而她在讨论主体形成的命名与询唤时曾经以“酷儿”为例。在《权力的精神生活》的第六章“忧郁的性别/被拒绝的身份认同”中，巴特勒转而关注社会性别化和性别化身份，重新审视和扩展了她在《性别麻烦》和《身体之重》中所述的一些观点，并再次解读了弗洛伊德，尤其是《哀恸与忧郁》、《自我与本我》和《文明及其缺憾》。

像《性别麻烦》、《身体之重》和《激动的言论》一样，《权力的精神生活》也认为禁止和压抑构成了身份认同，巴特勒指出，被压抑的不仅是一般的欲望，而是同性情欲（或同性情欲注情）。像《性别麻烦》一样，巴特勒认为性别不是给定的，而是一个过程，阳刚气质和阴柔气质是一种“成就”，而异性恋则是需要“达成”的（PLP：132，135）。巴特勒接着问道，这些过程、成就和达成究竟是如何完成的，主体要付出怎样的代价，而在此过程中可能会被压迫或否定的其他主体又付出了什么代价。必须放弃一些东西才能获得一个自洽的异性恋身份，而被放弃的是前俄狄浦斯的本我所具有的原初同性情欲注情（参见第 2 章，第 54-6 页）。禁止、否认和丧失是异性恋自我形成的基础，而异性恋者和同性恋者都生活在性别忧郁的异性恋文化中，在这种文化中，原初的同性情欲注情的失去是无法被哀悼的（PLP：139）。哀悼（grief）在《权力的精神生活》不仅仅是比喻，巴特勒将弗洛伊德《哀恸与忧郁》中所描述的精神上的丧失和当代异性恋文化放在一起，在当代异性恋文化中，失去的同性情欲依然难以哀悼（PLP：138）。巴特勒视这种文化上的无能为一种公共平台及语言缺失的症候，即我们缺乏能够哀悼“艾滋病的肆 132
虐”中“似乎无穷无尽的死亡数字”的公共平台或语言（PLP：138）。

虽然这是一个犀利的观点，但这里对隐喻的哀悼和真正的哀悼间区别的忽视，可能意味着异性恋主体其实知道她/他已经失去了什么，但不能或不愿承认。

巴特勒在这里仍然在发展《性别麻烦》中最有力的主张之一——异性恋是由拒绝同性情欲而生成的，而同性情欲则在拒斥的结构中保留下来。被贱斥的同性情欲注情并不会就此消失，《激动的言论》和《权力的精神生活》的前几章都引向了这样的结论：拒斥和禁止实际上要求要有同性情欲才能构成他们自身。因此，同性情欲绝不会被消灭，因为禁止它的结构也正在延续它的存在。巴特勒认为："同性情欲并没有被废除，而是被保留下来，尽管正是在对同性情欲的禁止中被保留"(PLP：142)。

> 放弃正是因为它所谴责的同性情欲才得以可能，同性情欲不是外在于放弃的一个对象，而是放弃所赖以存在的最珍贵的来源。放弃同性情欲的行为从而自相矛盾地强化了同性情欲，但同性情欲正是被强化为作为放弃的权力。
>
> (PLP：143)

巴特勒将同性情欲置于主流的恐同和"同性情欲恐慌"文化的核心，这种做法具有显而易见的政治意义，因为她将那种被贱斥和不接受的反而视为是异性恋身份的来源(当然巴特勒并没有用"来源"这个词来表达这一理论)。社会性别身份是通过否定同性情欲而"获得"的，而被贱斥的同性欲望对象则被安置于自我之中，作为一种忧郁的认同：我只有曾经对女性有过欲望才能成为女性，只有曾经对男性有过欲望才能成为男性。因为异性恋身份是建立在被禁止的同性情欲之上，所以作为成年人而对同性产生情欲，是性别

“恐慌”(panic),也就是说,是一个看似自洽而稳定的异性恋身份遭遇危机,因为这揭示出它实际上并不自洽或稳定(PLP:136)。

异性恋主体的同性欲望被升华了,而不是被毁灭了,拒斥和否认则构成了性别的“表演”。在本书第 3 章中,我们讨论了性别操演,而在《权力的精神生活》中,巴特勒似乎把操演、表演(performance)和心理治疗(psychotherapy)混为一谈,她说,这些“性 133
别表演”中的“行为”是被拒斥的同性情欲所遗留的未解决的哀悼(PLP:146)。与《性别麻烦》和《身体之重》一样,巴特勒着重讨论了“跨越性别的认同”——即扮装——作为一种范式来思考同性情欲,因为扮装寓言性地表现了异性恋忧郁,在扮装中,(男性)扮装表演者打扮成他已经拒斥了的女性性别,来作为可能的爱的对象。巴特勒把这种范式扩展到性别身份,认为“‘最真正的’女同性恋者的忧郁就是完全异性恋的女性,而完全异性恋的男性具有‘最真正的’的男同性恋忧郁。”(PLP:146-7)。换句话说,在异性恋忧郁的文化中,被拒斥的欲望以一种巴特勒称为“夸张的认同”(hyperbolic identifications)的方式“回归”,过度或夸张的“异性恋”身份恰恰揭示了被拒斥的同性情欲文化(PLP:147)。

同性恋忧郁的特征似乎是另一种不同种类的损失,不是心理上的损失,而是因患艾滋病死去的生命,在异性恋中心及反同性恋的文化中不允许被纪念,因而无法被哀悼。同性恋身份也可能建立在拒绝异性情欲注情的基础上,与异性恋忧郁相似,但是,尽管巴特勒认为“同性恋忧郁”有一定的政治潜力(PLP:147),她仍认为拒绝异性情欲注情可能会使异性恋中心得不到批判,错失揭露其弱点和裂隙的机会(PLP:148)。巴特勒由此断言,承认忧郁和失去是具有政治潜力的行为,这种承认意味着放弃对本体论上自洽身份的追求,去接受而不是拒斥生理性别与社会性别的“他异性”。

## 肯定性的忧郁

就之前的章节,我们已经可以看出忧郁在巴特勒理论中的重要性。在《权力的精神生活》中,忧郁也同样占据着中心位置。这里,巴特勒认为是忧郁引起了再现(representation),而忧郁本身也是再现的一种方式。如果没有失去和由此产生的忧郁,就不需要精神分析理论中对于自我的隐喻式描述,因为忧郁使得这种描述成为可能,也成为必然。此外,忧郁——关于这点,自我也是如此——是以地形学(topographical)术语进行的比喻——换句话说,
134 精神分析学家用空间的比喻来描绘自我和忧郁。在这些比喻中,最重要的便是自我转向反对自己,巴特勒认为,由失去而引发的这个转向,以及随之而来的忧郁构成了自我,自我在这个转向之前并不存在(PLP:171)。因为有失去,所以需要对精神的"地貌"进行描述。如果自我没有受到这样的"残缺",就无需精神分析理论及其对于精神生活的比喻式描述了。忧郁是精神生活的起始,它溢出了形塑主体的权力结构,给出颠覆和能动性的可能性。"溢出"至少部分是本体论意义上的:忧郁的主体既不是自我同一的,也不是单一的。在《哀恸与忧郁》中,自我以自己作为对象,将自己的暴怒引导向自己,这一行为是巴特勒的自我理论最为关注的。现在巴特勒认为,忧郁是由国家培育的,而国民会内化这种忧郁,他们意识不到自己与权威的关系,而权威本身也隐而不见。然而,尽管忧郁似乎是权力的产物,但仍有办法来利用主体的自我暴力和构成主体的忧郁,以达到颠覆性目的。

"巴巴认为,忧郁不是一种被动姿态,而是一种反抗的形式,一种通过重复和转喻形式发生的反抗",巴特勒在这里引用了后殖民批评家霍米·巴巴。根据巴巴的理论,巴特勒认为,如果消灭掉批

评的能动性或超我,并将主体“转向自身”的攻击性重新转向外部,那么具有攻击性的忧郁可以被“导向”为哀悼和为生命服务(PLP:190-1)。有一些忧郁并不必然涉及黑格尔、尼采等理论家所描述的暴力的自我贬抑,巴特勒认为,承认主体在生成的同时所伴随的失去,才能够使主体的精神生存。通过引述德里达的理论,巴特勒认为,如果认识到构成自己的忧郁,就意味着接受自己的他者性(Otherness),因为忧郁就是以认同的方式将他者放置进自我之中的过程(PLP:195-6)。因此,本体论意义上的自我独立概念必须被视为虚构进而被放弃。巴特勒写道:“肯定生命……就意味着挑战道德正确的精神,但不是以意志的行为来挑战,而是服从于使挑战成为可能的社会性和语言生活,这样的社会性和语言生活超越了自我及其‘自治’的边界;坚持自己的存在,意味着从一开始就交托于自己无法彻底掌控的社会性条件”(PLP:197)。这与巴特勒在《激动的言论》中的理论相似,即主体是由自己无从选择的询唤所 135
构成的;在《权力的精神生活》的最后,巴特勒总结并重申了这一点,询唤以失败的方式运作,因为它从未完全构成它所“呼喊”的主体。同样,主体与询唤和权力的关系仍然是模棱两可的,因为律法的“呼唤”在使主体服从的同时也生成了主体。

因失去而产生的这个模棱两可的自我,只能是微弱的,但是通过服从于询唤,并对那些用来呼唤我们的词汇进行颠覆性的误认,在这种主动放弃自洽的自我身份认同的行为中,才是能动性所在的地方。这种拒绝和误认发生在使我们服从和控制我们的权力结构之内,这让我们发问:服从在多大程度上是能动性的一种表现,以及是否可能承认这种能动性。在《何为批判?》、《安提戈涅的主张》及与人合著的《偶然性、霸权和普遍性》等作品中,巴特勒讨论了哀悼、忧郁和自我自洽的本体论意义上的危险,其中也再次回到了这些问题。

## 小　结

在《权力的精神生活》中，巴特勒使用精神分析、福柯和阿尔都塞等理论模式来讨论主体与权力的关系。主体充满感情地依附于律法，而律法在使主体服从的同时又构成了主体，它与权力结构之间的关系也是模棱两可的：它宁愿渴求权力关系，也不愿毫无欲望。巴特勒批评福柯的权力、灵魂和身体理论中忽视了精神的作用。她认为，精神永远无法完全由使它服从的律法而决定，它有可能超出这一律法，从而具有颠覆性。此外，阿尔都塞所描述的律法的询唤"呼喊"也不一定是有主权的或有效的，巴特勒认为在操演的失败中也有更多颠覆的可能。

如果忧郁被承认，它本身就可能成为肯定和颠覆的场域，尽管巴特勒再次提出生理性别化的/社会性别化的身份来自原初的失去或先行关闭，她认为，承认自身中存在着他者的痕迹，是主体存在的唯一方式。能动性正是在于放弃对自我自洽的追求，而挑战自己的本体论意义上的存在地位，这才可能是成功反抗的手段。

# 巴特勒之后



巴特勒的主体理论之争引发了关于身份、社会性别、生理性别和语言的批判性辩论，帮助了女性主义理论、酷儿理论和哲学（和其他许多领域，无法一一列出）发展出新的方向。尽管在本书的第1章中，我们看到，巴特勒并不自认为是酷儿理论的"开创者"或"创始人"（酷儿理论当然并没有一个创始人），但她对女性主义理论和酷儿理论的影响至关重要。在1999年版《欲望的主体》的一篇书评中，书评人将巴特勒称为"美国最著名的女性主义哲学家"；但同时，其他人则认为她是出类拔萃的酷儿理论家，而《性别麻烦》也被许多人视为是酷儿理论发轫之作。例如哲学家洛伊斯·麦克奈（Lois McNay）认为巴特勒的作品影响了女性主义对性别身份的理解（1999：175），而乔纳森·多利莫尔（Jonathan Dollimore）则称巴特勒是"近年来关于性问题最兼收并蓄的理论家"（1996：533）。

我们也必须看到，巴特勒的理论在收获赞美的同时也带来了敌意，从最近的一些批评和批判来看，可以说她的作品所引发的辩

论远未“尘埃落定”。因此，这个章节的标题有一些误导，因为“巴
138 特勒之后”似乎是说“巴特勒”是一个已经发生并已经完成的事件，而其他评论家和思想家可以处理后续，再决定接下来怎么走。说“巴特勒之后”似乎错误地暗示某种结束，而巴特勒还在继续与自己的文本及其他批判性思想家保持活跃的、辩证的关系。与此同时，她对各种理论领域的影响肯定是巨大的：埃迪·耶吉亚杨（Eddie Yeghiayan）所列的书单中详尽地列出了巴特勒的所有作品和所有引用她的作品（后者有几百本之多），这份书单显示了她在各个学科的深刻影响，包括酷儿理论、女性主义理论、电影研究、文学研究、社会学、政治和哲学等。

因此，与其描述“巴特勒之后”发生了什么事情，本章将简短介绍她最近的作品，并讨论她的思想所产生的一些具体影响。最后，我将提及巴特勒即将发表的作品以及她目前正在关注的批判性理论领域，她的理论将继续延续她作为思想家和理论家的名声。

## 巴特勒所剩何物?

理论在政治上有何重要性，而知识分子的政治角色（如果有的话）又是什么呢？现行律法是否能够被颠覆，如果可以，又是怎样的能动主体才能颠覆它？对于形塑了我们的规范，是否有可能居于批判的位置？民主是不是一个以“实现”为目标的政治筹划，而这种政治的结束又会产生什么影响？相反，如果缺乏这样一个结束，后果又是什么？目前处于社会结构边缘的人，是否应该要求同化？还是应该继续身处于这样一个兼具批判性和边缘特质的位置——有时意味着更加痛苦——在同时拒绝又塑造了他们的体制中？

这些是巴特勒在最近的三部作品中提出的一些问题：《何为批

判?》、《偶然性、霸权和普遍性》和《安提戈涅的主张:生与死之间的亲属关系》,均出版于2000年,而最近的一次采访《改变主体:朱迪思·巴特勒的"彻底重新意指的政治"》,对其中的一些问题做出了回应,甚至提供了答案。巴特勒近来的作品仍旧在动摇主体范畴和规范,建议用彻底的重新意指的手段来暴露律法的局限性,从而 139
削弱律法。巴特勒写作的关注点一直具有或隐或现的政治性,但她后来的作品则更倾向于强调理论背后的政治动因,一些读者和评论者认为她的理论晦涩难解、抽象和脱离"物质现实"(参见下文)。(巴特勒明确讨论政治的作品可以参见她早期的一篇文章《偶然性的基础:女性主义与后现代主义问题》,在该文中,巴特勒通过讨论海湾战争来讨论这个问题。)在1999年十周年纪念版《性别麻烦》的序言中,巴特勒强调,她的政治参与使她修改了自己的理论;特别是她在国际同性恋者人权委员会(International Gay and Lesbian Human Rights Commission)的工作使她重新思考"普遍性"一词的含义,而她参与的一份进步的精神分析期刊《性别与性研究》(*Studies in Gender and Sexuality*)则为她的精神分析思想增加了"实用"的维度。

在批评性文集《理论所剩何物?》(2000)中,巴特勒和其他合编者提出了理论和文学的政治用途这一问题。编者们不断地使用"left"这个词的一语双关[1],问道:他们所称的"政治反思性的文学分析"是否留下了理论,以及理论是否必须被留下,才能进行政治上偏左的文学分析(WLT:x,xii)。除了《身体之重》第五章和第六章之外,在巴特勒的作品中,文学和文学作品很少占据显要位置,而当她进行文学分析时,往往是为了突出一个政治或理论的观点。尽管如此,在《理论所剩何物?》中提出的问题同样适用于"哲

1 left既有"左边"、"左派"的意思,又有"剩下"、"余下"的意思。——译者注

学”——如果一定要归类的话,我们也许可以暂且将巴特勒的作品归为此类。哲学具有政治性吗,哲学的政治用途是什么?或者,换个角度,政治左派是否必须离开哲学,才能对世界进行更实际的参与?

在回答这些问题的答案中,巴特勒强调主体应该批判性地对待治理话语和规范,这里就隐含了政治、哲学和理论(文学亦如是)之间的联系。巴特勒坚持认为这之间的关系是隐含的。《何为批判?》、《偶然性、霸权和普遍性》和《安提戈涅的主张》中都讨论了对于权威的服从、同化和抵抗的不同观点。《何为批判?论福柯的美德》是巴特勒于 2000 年 5 月在剑桥大学所进行的雷蒙德·威廉斯讲座(Raymond Williams Lecture)时的论题,她讲述了福柯所称的“自愿不服从的艺术”如何能够挑战当前的本体论和认识论局限
140 (WIC: 12)。同样,《偶然性、霸权和普遍性》则是巴特勒与其他两位理论家恩内斯托·拉克劳(Ernesto Laclau)和斯拉沃热·齐泽克的一系列交流,在巴特勒所阐述的部分中,她坚称,对于压迫性的名称进行颠覆性的主张占有,可以揭示它们的局限,从而颠覆霸权结构;而《安提戈涅的主张》是 1998 年她在加利福尼亚进行的韦勒克图书馆讲座(Wellek Library Lectures)的主题,在其中,她将索福克勒斯的悲剧主角安提戈涅作为一个文学例子,解释了与现行律法和规范的颠覆性和批判性的关系。

从她最早的作品直到现在,巴特勒一直在不断地动摇主体-范畴和形塑主体的话语结构,这个挑战不仅仅是为了自身的缘故,更是为了揭示现有规范的局限性、偶然性和不稳定性。巴特勒在最近的这三个作品中继续进行这些询问和研究,尽管她的政治筹划意味着她拒绝为自己提出的这些困难和令人不安的问题提供答案。

## 影 响

即使那些不同意巴特勒的主体、身体、政治和语言理论的理论家,也承认她的想法在各种批判性和理论领域所产生的影响。《布莱克威尔二十世纪哲学家传记词典》(*Blackwells Biographical Dictionary of Twentieth-Century Philosophers*)中的“巴特勒”词条将操演性称为后现代女性主义的必要条件(不可或缺的条件),并指出巴特勒在女性主义理论、同性恋理论、精神分析和种族研究中的重要性(Shildrick 1996)。例如,女性主义哲学家苏珊·博尔多(Susan Bordo)认为《性别麻烦》对于性别理论的“后现代”干预作为探索自我建构的框架性理论“非常深刻……并且具有教育意义”,而巴特勒对异性恋中心主义和本质主义如何运作的揭示则是“高超”和“精彩的”(Bordo 1993:290)。麦克奈也认为,巴特勒的想法对于开创女性主义新的批判性和理论化的领域十分重要,她认为,在将女性主义理论从本质主义辩论的两极化转向其他方向这一点上,巴特勒比任何其他女性主义理论家都做得更多,她的理论认为社会性别身份是深深植根的,但并非一成不变的(McNay 1999:175)。虽然博尔多和麦克奈在一些重要的议题上不同意巴特勒,但她们 141
都承认,解构和动摇本质主义的、规范性的和自然主义对于“女人”的预设,是十分重要的。

正如麦克奈指出的那样,即使她的理论引发争议,巴特勒将身份视为辩证的理论仍旧在女性主义理论之外的研究领域产生了深远的影响(1999:177)。讨论“性异见”(sexual dissidence)的多利莫尔承认巴特勒精彩的兼收并蓄(虽然这有可能是一句明褒暗贬),但他认为她的一些描述是无历史性的和“毫无希望的错误”(1996:533-5)。不过,巴特勒对基础主义和本质主义的质询,帮助了酷儿理论对于身份的批判和反对(O'Driscoll 1996:31)及对规范制度的抵抗(Warner 1993:xxvi)。巴特勒将同性恋和异性恋身份视为不稳定的、转变的过程,随着时间的推移而多次发生,以及她关于忧郁的性别和性别认同的理论导致了重大的理论转变。她的理论有效地揭示了所有身份范畴都具有的“偶然性基础”(contingent foundations),而异性情欲依赖于被贱斥的“他者”所贬低的同性情欲(并不自知),这对于反同性恋情绪和异性恋中心主义构成了有力的挑战。然而,多利莫尔担心,巴特勒将异性恋描绘为偏执的,并且同性情欲似乎只能颠覆性地存在于异性情欲中,否则本身是不完整的(Dollimore 1996:534-5)。

巴特勒关于身份的动摇在其他理论领域中也得到了使用,这些领域也在进行对于“一元主体”(unitary subject)的检视。在《流散与混杂性:酷儿身份与族群模型》中,艾伦·辛菲尔德(Alan Sinfield)将巴巴的模仿理论与巴特勒的操演理论进行了比较(1996:282-3)。尽管辛菲尔德对模仿的政治效用持保留态度,但他将这两者所作的比较则表明,视身份为不稳定的、模仿性的这一理论具有广泛的用途(尽管应该指出,巴巴的《文化的位置》[*Location of Culture*]与《性别麻烦》是同一年出版的,因此巴特勒绝对不能被认为是这种理论的“源头”)。社会学家维奇·贝尔(Vikki Bell)的文章《作为文化生存的模仿:朱迪思·巴特勒和反犹太主义》也在种族理论的领域中讨论了操演性;贝尔认为,巴特勒作品中对模仿的强调,以及整个女性主义理论中对此的强调,可追溯到第二次世界大战后对反犹太主义的哲学回应。贝尔将模仿视
142 为“文化生存”,将巴特勒的性别研究与族群和种族/种族主义理论联系在一起,从而“迫使我们注意到模仿行为和身份表现发生时的具体历史和政治语境”(1999a:134)。这个观点很重要,因为无历

史性和去语境化是巴特勒理论最经常遭遇的批评之一。

## 主体/性别

《性别麻烦》于1990年第一次出版时，它对主体的解构极大地影响了关于身份认同和身份政治的辩论。虽然有读者能够看出动摇身份范畴的政治潜力，因而选择了这本书，其他批评家和理论家则持反对态度，他们认为这本书中有危险的和虚无的主体之"死"（参见本书第2章）。读者可能记得政治哲学家本哈比担心她眼中的巴特勒所持有的尼采式"主体之死"观点，而社会学家胡德·威廉姆斯和西丽·哈里森则认为巴特勒只是基于操演性而建立了新的性别本体论；也就是说，本哈比认为巴特勒正在剥夺女性主义的基础（而这正是本哈比长期所从事的政治研究的一部分），而胡德·威廉姆斯和西丽·哈里森则认为，巴特勒只是确立了另一种基础——操演性。

以上两派理论家将巴特勒的操演理论视为基础性的，而女性主义评论家莫伊则认为巴特勒的首要原则是权力（1999:47）。一些评论家不满于巴特勒假定的基础主义，以及她毫无疑问的福柯主义（也就是说她关于权力如何形塑主体的观点），另一些批评家则反对她的弗洛伊德主义，或者说她对于弗洛伊德理论的"利用"（例如，参见Hood Wiliams and Cealey Harrison 1998:83,85）。普罗瑟也反对巴特勒对弗洛伊德的解读，他认为操演性是彻底错误的，因为一些跨性别者追求的是非操演性的、表述性的身份（1998:32；亦见本书第2章）。

女性主义哲学家南希·弗雷泽（Nancy Fraser）也质疑主体形成是否一定是压迫性的（Benhabib *et al.* 1995:68）。像本哈比一样，弗雷泽担忧巴特勒对主体的解构，她认为，对巴特勒来说，女性的解 143

放是从身份中解放出来。主体的形成是通过暴力和排斥,这个观点对于巴特勒的身份理论至关重要,在她对弗雷泽的回复中,她坚持认为使用语言的主体是通过排斥和压抑而形成的(Benhabib *et al.* 1995:139)。如巴特勒一再声称,主体的解构并不是毁灭(destruction),而是对其建构过程的研究,以及探讨假设主体是理论的先决条件,会有怎样的政治性后果(Benhabib *et al.* 1995:36)。我们知道,巴特勒的观点并不止于此,她对于性的"物质"的解构,比起她的性别理论,激起了更多的批判与辩论。

## 身 体

巴特勒对于物质性和身体的理论可能是她最有争议的理论之一,它们持续使她的读者感到困惑和/或麻烦(参见本书第 2 章和第 3 章)。理论家芭芭拉·爱泼斯坦(Barbara Epstein)写道:"认为性别差异是社会建构的,这令人难以置信",她拒绝了巴特勒的论点,因为在她看来"绝大多数人生下来就是男性或女性"这一点是不言自明的事实(Epstein 1995:101)。特里·洛维尔(Terry Lovell)接受生理性别和社会性别的构建,但认为它们是不可避免的*必要*的社会建构(Lovell 1995:334),而莫伊则坚持认为身体是"真实的"和"实质的"。莫伊拒绝语言和物质不可分割这一"老调重弹",认为巴特勒有可能忽视了"经历爱、痛和死亡的具体的、历史的身体"(1999:51,49)。

实际上,这不是巴特勒试图描述的身体,但她也并不否认具体的历史情况中存在的具体的身体(这恰恰是她在《欲望的主体》结尾处的论点)。不过,像莫伊一样,哲学家嘉莉·赫尔(Carrie Hull)指出巴特勒对于物质性的叙述中有严重的政治性缺陷,她在《激进哲学》(*Radical Philosophy*)期刊上所登载的文章指出,有些东西的确是植根于性别的物质现实："我们称之为女人的生物，与我们称之为男人的生物，都具有某些物质基础，尽管也都具有其他的一些基础(Hull 1997：33)。赫尔发现，巴特勒根植于黑格尔的唯心主义，拒绝唯物主义(很可能是出于唯心主义而拒绝)，这其中有断裂，而 144
赫尔认为拒绝唯物主义就难以对资本主义、社会和经济的运作进行政治分析，因为这样的理论不足以触及赫尔所说的"苦难的真正基础"(1997：32)。

像莫伊一样，赫尔坚持认为物质性有不同的"模式"，但她并没有详细说明都有哪些模式，也没有具体说明如何不谈论暴力和排斥而直接描述身体的物质性。而且，说巴特勒拒绝物质性或者唯物主义并不准确，因为在《身体之重》的序言中，她用了专门的一些篇幅来向读者保证，她承认了"原初的、无可辩驳的经历"，如吃饭、睡觉、愉悦、痛苦这些现实(BTM：xi)。巴特勒对排斥性的暴力有如此广泛而持续的关注，也意味着她同样关注这种暴力的后果，即它所带来的苦难。但是，仍可以看出她的理论如何被解读为忽视苦难，因为她不够关注内在性和"经验"。

普罗瑟就是这样解读巴特勒在《性别麻烦》和《身体之重》中的性别理论对于承认和视觉的重视，他指出，巴特勒的性别理论将性别去掉其字面意义，而视为表面的投射，这是因为她误读且误引了弗洛伊德的《自我与本我》。(在《性别麻烦》和《身体之重》中，巴特勒认为，根据弗洛伊德，身体是精神的产物、是自我的投射，但在《自我与本我》中，弗洛伊德则认为自我是身体的产物，他认为自我是通过身体知觉所产生的身体表面在心理上的投射[Prosser 1998：41]。)正如赫尔认为，巴特勒如果拒绝唯物主义，就无法在理论中讨论苦难和经济压迫，普罗瑟则认为社会性别和生理性别身份的基础应该是"经验"。然而，巴特勒绝不否认"经验"或苦难的存在，即使她的作品中大部分都是在解构本体论意义上的“基础”（比如认为“我感觉/我经验，故我在”），从而揭示它们的基础并不存在。巴特勒对物质的解构可能会被认为是轻视痛苦和苦难，但她对于意指的关注是有意为之，因为它可能能够颠覆性地将生理性别和社会性别重新意指。

## 145 语　言

在“为什么是巴特勒？”中，我引用了《欲望的主体》中的一段话，在那里，巴特勒承认阅读黑格尔十分困难（SD：19）；在那里，我也提醒读者，这段描述可能也适用于巴特勒的文风，她的文风以晦涩难懂、引经据典、支离破碎而闻名。希望这样的描述并没有令你放弃，因为我也要指出，巴特勒的文风是策略性地对读者产生作用，她所说的内容和说话的风格相互映衬。某位评论者曾认为巴特勒的文风对于读者来说是一种“欺凌”——完全相反，她的文风是辩证的，是一种积极的——操演性的——写作方式，其本身便呈现了操演性。

如果说巴特勒的文风是操演性的，那么对于不连贯的、不完整的、不稳定的主体，就不应当将它们用语言呈现为流畅、完整、认识论意义上的“固定”的。巴特勒的许多读者却并不这样看待她的文风——她将黑格尔的文风描述为“混乱、笨拙、毫无必要地密集”，有时这似乎的确也适用于她自己。哲学家玛莎·努斯鲍姆（Martha Nussbaum）的文章《戏仿的教授》（The Professor of Parody，1999）也许是流传最久的反对意见，在这篇文章中，努斯鲍姆将巴特勒的写作称为“浓汤”，因为它引经据典、稠密庞杂，而缺乏结论。（对于努斯鲍姆作品的了解，参见 Eaglestone 1997：36-60。）事实上，正是努斯鲍姆将巴特勒的文风描述为“欺凌”，因为读者往往会惊叹于巴特勒引用的哲学家和理论之广博，而巴特勒却很少解释这些引经据典来自何处以及自己是如何使用它们的。努斯鲍姆对巴特勒的语言及其语言理论的攻击（对于巴特勒也是一种“欺凌”）主要有三点：1）巴特勒的文风是精英化的、引经据典的、权威的；2）努斯鲍姆所称的“新的象征型女性主义思想家”将物质性——特别是苦难和压迫——缩减为她们所认为的“符号的不足”；3）语言不等同于政治行动，将这两者等同，是政治上的无为主义（quietism）和与邪恶共谋（Nussbaum 1999）。

努斯鲍姆不仅仅是反对巴特勒的写作方式，她还反驳了巴特勒理论的基石——操演性、征引与扮装，还有对于“物质”的解构——因为这些理论都关注象征界。努斯鲍姆认为：“如果你是一
个在自由派大学中手握权力的终身教授，戏仿的表演就没什么大 146
不了，但巴特勒对象征的关注，她对生活的物质层面的傲慢的忽视，成了她致命的盲点。对于饥饿、文盲、失去权利、遭受暴力和强奸的女性，无论怎样戏仿性地重演饥饿、文盲、失去权利、暴力和强奸，既不性感，也不解放。这样的女性宁愿要食物和自己身体的完整”（Nussbaum1999）。努斯鲍姆认为，巴特勒这样的美国学者屈服于“极端的法国思想”，认为煽动性的发言就是重大的政治行动，导致他们拒绝了物质性，而转向言论和象征性的政治，这种政治与努斯鲍姆所说的“真实女性的真实情况”只有微弱的联系（Nussbaum 1999）。

虽然努斯鲍姆列出了一连串压迫与被压迫者，但棘手的是，这些“真实”痛苦中的“真实女性”仍然只是一串名词，并没有给出在美国高校中工作的女性主义哲学家们应该如何干预的具体例子。斯皮瓦克为了维护巴特勒而撰文回应，她认为，努斯鲍姆模糊指称的这些“饥饿”和“文盲”的女性，常常需要进行巴特勒作品中所描

述的性别操演实践，她也反对其关于巴特勒“时髦的无为主义……与邪恶共谋”的评价，认为努斯鲍姆“同样时髦地对‘其他女性’进行美国式慈善，与剥削相辅相成”（关于斯皮瓦克的回应，参见《玛莎·努斯鲍姆及其评论者：一次交流》[Martha C. Nussbaum and her critic: an exchange]）。

努斯鲍姆的指责也许是粗暴的（或者如斯皮瓦克所说，是“恶毒的”），但关于语言的批判性辩论能够激发这么多的感觉，这其实也表明它的重要性。弗雷泽认为巴特勒的《偶然性的基础》一文“深刻地反人本主义”，因为它的用词刻意疏远，而对于这样的文风所致的效应和政治后果也缺乏意识（Benhabib *et al.* 1995：67），麦克奈同意弗雷泽，认为巴特勒的能动主体理论是形式化和抽象的，缺乏麦克奈所说的“阐释学维度”（尽管她在这里讨论的不仅是巴特勒的文风）（McNay 1999：178）。巴特勒的文风甚至被《纽约时报》攻击过，并且在 1999 年，她还获得了（右翼）学术期刊《哲学与文学》的“糟糕写作”奖。

一位修辞学教授，又如此广泛地关注语言和意指，如果反而忽略了她自己语言的意义，是很奇怪的。但巴特勒经常暗示自己的
147 写作方式，这说明她的文风是有意为之的政治策略，而不是别人所指责的自大或“傲慢的忽视”。在她对《纽约时报》的攻击的回应中，巴特勒问道，为什么犀利的社会批评要通过困难和苛刻的语言来表达，她回答说，这样的写作通过激发出看待熟悉世界的新方式，来审视当下被视为“常识”的这些默认预设。在最近的一次采访中，巴特勒同样质疑了所谓的“日常语言”，这再次说明，批评家们通过艰涩的写作方式，来动摇读者可能最珍视的预设。她认为，这是新生事物进入现有世界的方式（在这里她同意巴巴的观点），想要痛苦地“熬过”艰涩的语言，就必须对现有的社会世界及其构

造方式采取批判的态度。成为一个批判的知识分子,就需要辛苦地研读困难的文本,阅读这些文本需要读者的注意力、专心,以及一些“翻译”。这个阐释的过程将推翻读者和作者共享一种共同语言的错误假设(CTS:734),进而要求一种“仔细地阅读”(如巴特勒在她《女性主义争鸣》的第二篇文章中所说[Benhabib *et al.* 1995]),以及一种艰苦的“反刍式的”分析,这是巴特勒在《何为批判?》中所说的尼采的概念(“反刍”是巴特勒从尼采那里借鉴来的一种阅读模式,是阅读理论和哲学所需要的缓慢而细致的分析。参见 WIC:5;亦见 Nietzsche 1887:10)。

我们很清楚地看到,巴特勒将语言本身视为一个政治领域和一种颠覆策略。然而,我们也看到了努斯鲍姆对她所谓的新的象征型女性主义哲学家的反对意见,其认为他们以为只要谈论或写作政治就可以算是政治行动。巴特勒的作品具有政治性吗?或者说,如果真如她的批评者所说,她逃避(或忽视)物质“现实”,她是否也彻底逃避了政治性?

## 政　治

如果说玛莎·努斯鲍姆对巴特勒的主体和语言有强烈的不满,她对巴特勒的政治性也是同样意见激烈。当然,语言和政治是联系在一起的,在努斯鲍姆对巴特勒政治上的反对意见中(或者
说,她反对的是她所认为的巴特勒缺乏政治参与),很多观点都与 148
她对巴特勒的语言所持的反对观点相类似。在谈论巴特勒的政治时,努斯鲍姆最常使用的词是“无为主义”,她的意思是,巴特勒的理论主张或导致了对于现状被动的接受,因为巴特勒认为现有的话语只能被重写,而不能被绕开。在努斯鲍姆看来,巴特勒的权力和能动主体理论,只能推动微小的、个人主义的抗议行为,努斯鲍

姆简单化地举例说,通过“颠倒过来、嘲笑、做些微小改变”等不同的方式来“成为女性”(Nussbaum 1999)。努斯鲍姆认为戏仿和扮装对于某些阶级的“被压迫女性”来说,并不是一种可行的选择,她认为巴特勒对于“普遍的规范性概念”的拒绝可能会产生法律和社会层面的危险后果。这个遗漏,意味着巴特勒政治的核心的“空白”,因为她无法解释为什么某些形式的颠覆(如戏仿和扮装)是“好”的,而其他的(如逃税)则不好。努斯鲍姆自己则是坚定地具有规范性:“你不能如自己所愿随心所欲地抵抗,因为在公正、正直和尊严的规范下,才能够说什么行为是坏的。但是,我们必须阐明这些规范——而这是巴特勒所拒绝的”(Nussbaum 1999)。

弗雷泽也认为巴特勒政治理论的核心是空缺的,在她看来,巴特勒既缺乏一个能动主体(弗雷泽认为,巴特勒将女性的解放理解为从身份中解放),也逃避了规范性判断和解放性的选择,而这些在弗雷泽看来是解放性女性主义政治的本质。她认为,“女性主义者既需要解构,也需要重建;既需要意义的动摇,也需要预言乌托邦式的希望”(Benhabib *et al.* 1995:71)。麦克奈指出,仅仅将限制性的社会规范移除,这是一种否定性的能动主体的模式,和努斯鲍姆一样,她认为操演性是一种侧重个人主义的政治实践,欠缺历史性和语境。麦克奈举例说,“酷儿”一词的重新意指,可能源于巴特勒所忽视的一系列复杂的社会和经济变化,她认为将重新意指放在更广泛的社会经济关系中十分重要,只有这样,才能在一系列具体实践中来理解主体能动性,而不是将能动主体视为抽象的结构性潜力(McNay 1999:183,187,190)。同样地,博尔多认为,巴特勒的身体和性别的理论是抽象的,对颠覆性戏仿的语境和运作方式
149 欠缺考虑,因此,虽然巴特勒对于阳具中心主义和异性恋中心主义的运作十分敏锐,她的德里达/福柯“计划”导致了她虽然强调并赞扬

抵抗,却没有将抵抗放入其文化或历史脉络(Bordo 1993:292-5)。

巴特勒的作品确实没有政治实践的方案,而且读者们如果想要得知如何准确地使用操演性和戏仿式的性别模式,或者了解正确地反对主流规范的最佳方式是什么,可能会感到失望。然而,与她的文风一样,这并不是由于巴特勒遗漏了这些(也不是努斯鲍姆所称的“无为主义”),而是她有意为之的抵制策略——具体来说,是策略性地拒绝行之有效的政治实践的规定或方案。巴特勒最近在接受维奇·贝尔的采访时,坦白地解释了为什么《性别麻烦》里没有“关于接下来怎么办的五项建议”:

> 考虑到我主要在抽象的层面进行工作,这么说可能有些奇怪——但有意思的是,我其实相信政治有一定的偶然性和语境的性质,所以在理论层面上是无法预测的。而一旦理论开始成为程序性,比如说“这里是我的五项建议”,我建立起一些分类,把最后一章的标题定为“接下来要做什么”,这样就排除了整个语境和偶然性——而我认为政治决定正是在生活体验中的时刻作出的,而不能从理论层面上预测。
>
> (Bell 1999b:166-7)

巴特勒作为理论家,长期关注话语的操演性如何能够生成它所命名之物,因此,她如果淡化自己的写作所具有的政治操演性,的确是很“奇怪”的,但巴特勒所说的,其实符合她一直以来所强调的偶然性的政治价值,以及强调我们必须承认“事件”和“语境”不可能完全提前预知。因此,在上述采访中,巴特勒承认自己是“讽刺的乌托邦主义者”,这个自我询唤暗示着她致力于对现有政治结构提出另外的可能性,但同时也承认这些另外的可能性是不稳定的和偶然的(Bell 1999b:167)。

巴特勒认为自己的作品是讽刺的,嵌套在过去和未来之中,因此永远都不是自我在场的(类似于她对本体论主体的描述),但这
150 不意味着她的作品是非政治的或者不干涉政治的,而她也诚实地承认了理论与政治之间的脱节,以及她所认为的理论的政治局限性。此外,她的理论一直在对现有规范和话语结构进行积极询问,因此并不能说是"无为主义"。即便巴特勒在作品中指出了规范性的方向或愿望,很显然这样的规范也具有偶然性和不稳定性。如果如努斯鲍姆所言,巴特勒的政治理论看起来有"个人主义",这是因为她所描述的自愿不服从行为无法被置于普遍性的政治规定的整体化框架内,后者只能用一个霸权主义结构来取代另一个霸权主义结构,从而阻止了开放的政治争论的文化,而这是巴特勒所认为的民主和民主变革的先决条件(CHU:161)。

## 文　学

尽管巴特勒只是偶尔进行文学批评(例如她关于华莱士·史蒂文斯[Wallace Stevens,NTI]的早期论文,以及在《身体之重》之中),并且通常都是为了强调政治或哲学观点,她的观点对文学研究却很有影响力。在一本题为"新女性主义话语"的文集中,卡罗尔·沃尔斯(Carol Watts)认为,巴特勒将性别视为一种文化选择,使得我们能够将文学视为一处进行性别建构的文化场域,因此对于女性主义文学分析十分有用(Watts 1992:83)。这样的解读方式的一个例子是杰米·霍维(Jaime Hovey)对弗吉尼亚·伍尔夫的小说《奥兰多》(*Orlando*,1928)的解读。霍维分析了小说中对于社会性别化的、生理性别化的和种族化的身份的再现,视其为一种假面(Hovey 1997:396-7),尽管她将操演性简单理解为了表演,她的解

读仍体现了巴特勒的观点可以如何用于虚构文学的阐释，将虚构文本视为主体形成和自我构建的再现。所以，在文集《小说凝视》(*Novel-Gazing*)中，乔纳森·戈德伯格(Jonathan Goldberg)认为巴特勒和塞奇维克将维拉·凯瑟小说视为性的知识的叙述，是十分重要的(Goldberg 1997)，而提洛塔玛·拉詹(Tilottama Rajan)则以一种巴特勒式和黑格尔式的角度，分析了19世纪玛丽·海斯(Mary Hays)的小说《艾玛·考特尼回忆录》(*Memoirs of Emma Courtney*)中对欲望的表现(Rajan 1993)。

最后，巴特勒对于身份范畴的排斥性的批评，可以帮助在女性
主义文学研究中对于建构的分析。玛丽·伊格尔顿(Mary 151
Eagleton)将女性文学史的梳理视为一种补充，她认为，这样有包容性的新历史，暴露了旧历史的限制和排斥，这借鉴了巴特勒关于身份和排除(作为排除的身份)的理论(Eagleton 1996:16)。

## 动态的结论

在本章开始时，我写道，“巴特勒之后”这一标题有些为时过早，因为她仍然在积极参与政治和哲学辩论，同时继续自己的写作和研究。她即将出版的作品包括一本她编辑的关于理论中的身体的书，一篇关于服从的与巴巴的对话，一篇关于伦理与性别差异的文章，以及一篇讨论维拉·凯瑟《鸥之路》(*On the Gull's Road*)中作为一种翻译的性别的文章(参见 Yeghiayan 2001)。在《偶然性、霸权和普遍性》的最后一篇文章《动态的结论》(Dynamic Conclusions)中，巴特勒向她的合作者，理论家恩内斯托·拉克劳提醒说，她并没有“玩忽职守”，而是对于政治能指和话语的策略性使用一直保持警惕和解构的意识，因为这些政治能指和话语也许“在用到的时候暂时固定”，但在其他语境中则会不再固定而被动摇

(CHU:269-70)。在实践中,这意味着巴特勒的作品一直在进行“令人不安的政治”(politics of discomfort),她认为这是福柯作品的关键特征,这并不是为了激怒或疏远读者,而是使那些现有的规范和被视为理所当然的预设能够被质疑和谱系化。

将规范和普遍性转化为具有生产性的危机,可能会使巴特勒在学术界的某些领域不受欢迎,但她仍然致力于在“困难”的写作中提出困难的问题,以挑战狭隘的假设,并为激进的差异创造可能性:

> 对我来说,如果一个世界中我们可以质疑那些理所当然的东西,尤其是作为一个人意味着什么,这个世界才会更有希望……要作为一个人,人类主体,人的语词,人的欲望,条件是什么?我们如何限制人的语词或欲望?付出什么代价?谁付出这些代价?这些是我认为重要的问题,而这些问题就在日常语法、日常语言中起作用,被当作理所当然的概念。我们以为我们知道答案……
>
> (CTS:764-5)

152 这本书并不打算为巴特勒提供“答案”,也不打算为她在作品中所提出的任何问题提供“答案”。这本书至少是希望开辟一些新的或者激进的思考差异性的方法,即使这意味着让自己不得不变得焦虑和不安,而这正是巴特勒所指出的批判性思考的关键之处。

# 进阶阅读书目

巴特勒的著作与关于巴特勒的著作的完整列表,请参见埃迪·耶吉亚杨的优秀而详尽的参考书单:

http://sun3.lib.uci.edu/indiv/scctr/Wellek/butler/html(2001 年 1 月 23 日访问)。

本章包含巴特勒最重要的著作和与本书相关的其他著作的详细信息。此外,"'基础'理论阅读"部分,列出了巴特勒所参考的许多著作。

## 朱迪斯·巴特勒的著作

### 书

——(1987;reprint 1999) *Subjects of Desire: Hegelian Reflections in Twentieth-Century France*, New York: Columbia University Press.

《欲望的主体:20 世纪法国的黑格尔思潮》。巴特勒的第一本书,关于 20 世纪法国哲学家对于黑格尔的解读,即使你不熟悉黑格尔、萨特等人,这本书也是值得一读的。第一章"黑格尔《精神现象学》中的欲望、修辞与承认”和第四章“欲望的生死斗争:黑格尔与当代法国理论”可以使你了解黑格尔和他的法国读者的思想。1999 年再版序言也非常有用。

——(1990; Anniversary edition 1999) *Gender Trouble: Feminism and the Subversion of Identity*, New York: Routledge.

《性别麻烦:女性主义和身份的颠覆》。通读全书是很重要的,但如果你真的没有时间,你可以阅读第一章的第一节,第二章的第三节和第五节,以及第三章的第四节。这些章节讨论的是生理性别/社会性别/欲望;忧郁;权力、禁止、能动主体性;戏仿的颠覆;操演性。一定要读十周年纪念版的前言。

——(1993) *Bodies That Matter: On the Discursive Limits of 'Sex'*, New York: Routledge.

《身体之重:论“性别”的话语界限》。这本书是关于“性别”的话语建构的,并继续发展了《性别麻烦》中的一些论点。如果你不能阅读整本书,除了女同性恋阳具(第二章)之外,第一章和第八章(“身体之重”和“批判性酷儿”)也很重要。导言也十分有用。

——(1997) *Excitable Speech: A Politics of the Performative*, New York: Routledge.

《激动的言论:操演性的政治》。巴特勒对仇恨言论和再现的讨论,这本书并不长,而且是她比较“易懂”的书之一。每个章节可以看作相对独立的文章,因此你可以根据自己的兴趣选择阅读任何一篇,但第一篇《语言的脆弱性》中有发展了奥斯汀、阿尔都塞等人思想的关于语句的重要论述。

——(1997) *The Psychic Life of Power: Theories in Subjection*, Stanford: Stanford University Press.

《权力的精神生活:服从的理论》。通过福柯的视角来阅读精神分析，通过精神分析的视角来阅读福柯，巴特勒对两者的重新阅读都十分有用。第一章有黑格尔，然后是弗洛伊德、福柯、尼采和阿尔都塞。第四章"'良知使我们屈服'：阿尔都塞论服从"重返了阿尔都塞的街头情景，而第六章"精神的开端：忧郁、矛盾、愤怒"则进一步发展了忧郁的理论。

——(2000) *Antigone's Claim: Kinship Between Life and Death*, New York: Columbia University Press.

《安提戈涅的主张：生与死之间的亲属关系》。一本小书，收录了巴特勒讨论异性恋霸权中的亲属关系的三次讲座。你不需要熟悉索福克勒斯的这部悲剧，也可以理解她的观点，而第三篇演讲"混杂的服从"则包含了巴特勒对当代亲属关系和"激进亲属关系"另类选择的观察。

## 合著或合编

Benhabib, Seyla, Judith Butler, Drucilla Cornell and Nancy Fraser (1995) *Feminist Contentions: A Philosophical Exchange*, London: Routledge.(《女性主义争鸣：哲学交流》)

Butler, Judith, Ernesto Laclau and Slavoj Žižek (2000) *Contingency, Hegemony, Universality: Contemporary Dialogues on the Left*, London: Verso. (《偶然性、霸权和普遍性：关于左派的当代对话》)

Butler, Judith, John Guillory and Kendall Thomas (2000) *What's Left of Theory? New Work on the Politics of Literary Theory*, London: Routledge.(《理论所剩何物？文学理论的政治新论》)

## 文　章

—— (1986) 'Sex and Gender in Simone de Beauvoir's *Second Sex*', in *Yale French Studies* 72: 35-41, New Haven: Yale University Press.

《西蒙娜·德·波伏瓦〈第二性〉中的生理性别与社会性别》。这篇文章和接下来的这篇文章大同小异，是巴特勒关于性别作为过程、构建和辩证的早期观点。阅读其中之一即可。

—— (1987) 'Variations on Sex and Gender: Beauvoir, Wittig and Foucault', in Seyla Benhabib and Drucilla Cornell (eds) *Feminism as Critique: Essays on the Politics of Gender in Late-Capitalist Societies*, Cambridge: Polity Press, pp. 129-42.(《生理性别与社会性别之辩:波伏瓦、维蒂格与福柯》)

—— (1989) 'Foucault and the Paradox of Bodily Inscriptions', *Journal of Philosophy* 86 (11): 601-7.

《福柯与身体印刻的悖论》。早期文章中较重要的一篇,包含了巴特勒日后在《性别麻烦》、《身体之重》中论述的生理性别与社会性别理论的"雏形"。

—— (1989) 'Sexual Ideology and Phenomenological Description: A Feminist Critique of Merleau-Ponty's *Phenomenology of Perception*', in Jeffner Allen and Iris Marion Young (eds) *The Thinking Muse: Feminism and Modern French Philosophy*, Bloomington: Indiana University Press, pp. 85-100.(《性意识形态和现象学描述:对梅洛-庞蒂〈知觉现象学〉的女性主义批评》)

—— (1990) 'The Force of Fantasy: Mapplethorpe, Feminism, and Discursive Excess', *differences: A Journal of Feminist Cultural Studies* 2 (2): 105-25.

《幻想的力量:梅普尔索普,女性主义和话语的过剩》。巴特勒论审查制度。对于反色情运动的弱点和异常现象有一些巧妙的论证。

—— (1990) 'Gender Trouble, Feminist Theory, and Psychoanalytic Discourse', in Linda J. Nicholson (ed.) *Feminism/Postmodernism*, London: Routledge, pp. 324-40.(《性别麻烦,女性主义理论和精神分析话语》)

—— (1990) 'Imitation and Gender Insubordination', in Diana Fuss (ed.) *Inside Out: Lesbian Theories, Gay Theories*, London: Routledge, pp. 13-31.(《模仿和性别不服从》)

—— (1991) 'The Nothing That Is: Wallace Stevens' Hegelian Affinities', in Bainard Cowan and Joseph G. Kronick (eds) *Theorizing American Literature: Hegel, the Sign, and History*, Baton Rouge: Louisiana State University Press, pp. 269-87.

《虚无即是:华莱士·史蒂文斯的黑格尔》。给那些对黑格尔——或者诗人华莱士·史蒂文斯感兴趣的读者。

—— (1992) 'Contingent Foundations: Feminism and the Question of Postmodernism', in Judith Butler and Joan Scott (eds) *Feminists Theorize the Political*, London: Routledge, pp. 3-21.

《偶然性的基础:女性主义与后现代主义问题》。一篇重要的文章。巴特勒在海湾战争的语境中,讨论了后现代主义、女性主义和"主体"。

—— (1992) 'Gender', in Elizabeth Wright (ed.) *Feminism and Psychoanalysis: A Critical Dictionary*, Oxford: Blackwell, pp. 140-5.

《社会性别》。如果你时间紧急,需要了解基本概念,这是一篇有用并且简短的文章。

—— (1993) 'Endangered/Endangering: Schematic Racism and White Paranoia', in Robert Gooding Williams (ed.) *Reading Rodney King/Reading Urban Uprising*, New York: Routledge, pp. 15-22.

《置于险境:种族主义架构和白人偏执》。巴特勒讨论了对罗德尼·金的攻击者的审判,在此背景中讨论了视觉领域中的"种族"。这篇文章中的一些论述之后也出现在《激动的言论》之中。

—— (1994) 'Against Proper Objects', *differences: A Journal of Feminist Cultural Studies* 6 (2), (3): 1-26.

《反对专有对象》。巴特勒反对同性恋理论和女性主义理论的"领土化"。阅读本文有挑战性。

—— (1995) 'For a Careful Reading', in Seyla Benhabib, Judith Butler, Drucilla Cornell and Nancy Fraser (co-authors) *Feminist Contentions: A Philosophical Exchange*, London: Routledge, pp. 127-43.

《仔细地阅读》。巴特勒回复一些对她的评论,有一些对于操演性的描述很有帮助。

—— (1996) 'Sexual Inversions', in Susan J. Hekman (ed.) *Feminist Interpretations of Michel Foucault*, Philadelphia: Pennsylvania University Press, pp. 344-61.

《性倒错》。巴特勒对于福柯的重读十分适时。巴特勒充满热情地论述到:在流行病的时代,死亡是一种话语的努力——同性恋被病理化,医学技术进步则无法为艾滋病患者所用。

—— (1996) 'Universality in Culture', in Joshua Cohen (ed.) *For Love of Country: Debating the Limits of Patriotism: Martha C. Nussbaum with Respondents*, Boston: Beacon Press, pp. 43-52.

《文化中的普遍性》。巴特勒挑战普遍性,并肯定了艰难的文化翻译工作的必要性。类似于她在《偶然性、霸权和普遍性》中的作品,但短得多。

—— (1997) 'Performative Acts and Gender Constitution: An Essay on Phenomenology and Feminist Theory', in Katie Conboy, Nadia Medina and Sarah Stanbury (eds) *Writing on the Body: Female Embodiment and Feminist Theory*, New York: Columbia University Press, pp. 401-17. (Also in Sue-Ellen Case (ed.) *Performing*

*Feminisms. Feminist Critical Theory and Theatre*, Baltimore: Johns Hopkins University Press, 1990.)(《操演行为和性别构成:论现象学和女性主义理论》)

—— (1999) 'Revisiting Bodies and Pleasures', *Theory*, *Culture and Society* 16 (2): 11-20.

《重读身体与愉悦》。巴特勒反对抛弃性和欲望,而急于转向拥护福柯在《性史(第一卷)》中提倡的身体和愉悦。如《反对专有对象》一样,她也对一些酷儿理论的议程持保留意见。

—— (2000) 'Restaging the Universal: Hegemony and the Limits of Formalism'; 'Competing Universalities'; 'Dynamic Conclusions', in Judith Butler, Ernesto Laclau and Slavoj Žižek (co-authors) *Contingency*, *Hegemony*, *Universality*: *Contemporary Dialogues on the Left*, London: Verso, pp. 11-43, 136-81, 263-80.

《普遍性的重现:霸权与形式主义的局限》。巴特勒的三篇文章批判了普遍性和规范,同时肯定了偶然性作为政治战略的价值。巴特勒讨论了以下问题:精神分析与政治是否能够兼容,尤其是拉康派精神分析与霸权;女性主义的未来;主体能动性的可能性;康德主义、普遍主义和历史主义在理论领域的作用;以及批判理论家的自我批判的必要性。

—— (2001) 'What is Critique? An Essay on Foucault's Virtue', in David Ingram (ed.) *The Political*: *Readings in Continental Philosophy*, London: Basil Blackwell.

《何为批判? 论福柯的美德》。巴特勒将这篇文章称为"散文",将自我风格化视为一种批判的形式,因为它所询问的问题是谁能够算作是一个主体,以及什么能够算作是生命。这篇演讲清楚、到位,对于此前的作品有一些回顾。并且也解释了巴特勒为什么这么爱问问题。

## 访　谈

——（1992）'The Body You Want: Liz Kotz Interviews Judith Butler', *Artforum International*, 3 Nov., (XXXI): 82-9.

《你想要的身体:丽兹·科茨采访朱迪斯·巴特勒》。如果你能找到这篇文章的话,值得一读。巴特勒看起来很轻松,愿意聊天,并且有一些亮点("我不认为性别、种族或性取向必须是一种身份,我认为它们是权力的载体。"、"我有点儿厌倦酷儿了……当然我还是一如既往的酷儿。")

——（1994）'Gender as Performance: An Interview with Judith Butler', *Radical Philosophy: A Journal of Socialist and Feminist Philosophy* 67 (Summer): 32-9. (Also in Peter Osborne (ed.) *A Critical Sense. Interviews with Intellectuals*, London: Routledge, 1996, pp. 109-25.)

《作为操演的性别:朱迪斯·巴特勒访谈》。这次采访是在《性别麻烦》与《身体之重》之后进行的,巴特勒讨论了很多东西,包括表演、操演、精神分析、"种族"和女同性恋阳具。很有帮助,并且容易理解。

——（1999）'On Speech, Race and Melancholia: An Interview with Judith Butler', *Theory, Culture and Society* 16 (2): 163-74.

《论言论,种族与忧郁:朱迪斯·巴特勒访谈》。这篇访谈的重点是精神分析,巴特勒也讨论了"种族"、"种族化"和忧郁。

——（1999）'A Bad Writer Bites Back', *New York Times*, 20 March. Accessed on 31 October 2000.

《坏作家的反击》。简明扼要,一针见血。

——(2000)'Politics, Power and Ethics: A Discussion Between Judith Butler and William Connolly', *Theory and Event* 4 (2). Online. Available at:

http://euterpe-muse.press.jhu.edu/journals/theory_and_event/v004/4.2butler.html

《政治、权力与伦理:朱迪斯·巴特勒与威廉·康诺利的讨论》。这篇文章的理论具有一定挑战性,有关于伦理、普遍性和辩证法的精彩讨论,巴特勒对这些问题进行了询问或批判。

——(2000)'Changing the Subject: Judith Butler's Politics of Radical Resignification', Gary Olson and Lynn Worsham, *JAC* 20 (4).

《改变主体:朱迪斯·巴特勒的彻底重新意指的政治》。一篇非常有用的最近的采访,其中巴特勒冷静地回应了对她文风的批评。

## "基础"理论阅读

Althusser, Louis [1969] 'Ideology and Ideological State Apparatuses', in *Lenin and Philosophy and Other Essays*, trans. Ben Brewster, London: New Left Books, 1971.

《意识形态与意识形态国家机器》。虽然巴特勒在《激动的言论》和《权力的精神生活》中对阿尔都塞有所批判,询唤概念对她的主体形成理论至关重要。阅读整篇文章:这篇文章不算很长,也不难读。

Austin, J. L. [1955] *How To Do Things With Words*, Cambridge, Mass.: Harvard University Press, 1962.

《如何以言行事》。简短易读:要明白巴特勒如何在阿尔都塞和精神分析的语境中使用语言操演性,本书至关重要。

de Beauvoir, Simone [1949] *The Second Sex* (*La Deuxième Sexe*), trans. H.M. Parshley, London: Everyman, 1993.

《第二性》。不要被这本书的厚度吓到:第四节和第五节可能对于理解巴特勒是最有用的,所以你可以直接跳到这部分。“一个人不是生为女人,而是成为女人的”在第十二章开头。

Derrida, Jacques [1972] 'Signature Event Context' ('Signature Evénement Contexte'), trans. A. Bass in Peggy Kamuf (ed.) *A Derrida Reader: Between the Blinds*, New York: Columbia University Press, 1991.

《签名,事件,语境》。德里达这篇文章不长,也不是很难,巴特勒从《身体之重》开始就一直使用的征引性理论由此而来。德里达在这里界定了作者意图、语境和意义,回应了奥斯汀对语境和惯例的强调,但与奥斯汀不同,德里达则强调“征引性、复制、重复性……标记的重述性”。

Foucault, Michel [1976] *The History of Sexuality Vol. I: La Volonté de Savoir*, trans. Robert Hurley, London: Penguin, 1990.

《性史(第一卷):认知意志》。《性史》被广泛认为是酷儿理论的“奠基”文本之一,追溯资产阶级、欧洲资本主义社会中的性话语的产生。福柯认为,自 16 世纪末以来,性被置于话语中,当时,性压抑与他所称的性话语的“话语爆发”同时发生。本书十分重要、易读且不长。巴特勒的作品持续从这本书中汲取思想,而在《性倒错》一文中,她在艾滋病的语境中重新考虑了福柯的观点。

Freud, Sigmund [1917] 'Mourning and Melancholia' ('Trauer und Melancholie'), in Angela Richards (ed.) *The Pelican Freud Library Vol. 11*, London: Penguin, 1984.

《哀恸与忧郁》。短而易读,对于理解巴特勒的忧郁的生理性别和社会性别身份的描述至关重要。

—— [1923] *The Ego and the Id* (*Das Ich und das Es*), in Angela Richards (ed.) *The Pelican Freud Library Vol. 11*, London: Penguin, 1984.

《自我与本我》。这篇文章并不短,也不好读,但它十分重要,值得尝试阅读。弗洛伊德在这里将所有的自我形成都视为一个忧郁的结构和一个被禁止的欲望的积淀,而他认为,生理性别/社会性别身份是在这个基础上形成的。弗洛伊德认为,婴儿的欲望是由其原初倾向(disposition)决定的,巴特勒不同意这一点,她认为性倾向是律法的产物。

Hegel, G. W. F. [1807] *Phenomenology of Spirit* (*Phänomenologie des Geistes*), trans. A.V. Miller, Oxford: Oxford University Press, 1979.

《精神现象学》。至少可以试试读一读这本书。如果你没有耐心阅读全书,请跳到第四节(A)和(B),“自我意识的独立与依赖:主人与奴隶”和“自我意识的自由:斯多葛主义、怀疑主义和苦恼意识”,黑格尔描述了主人和奴隶的相遇及其后果。如果你读不下去,请参见彼得·辛格(Peter Singer)或乔纳森·瑞(Jonathan Rée),两人都写有简短的、出色的介绍黑格尔的作品(参见下文)。

Kristeva, Julia [1980] *Powers of Horror: An Essay on Abjection* (*Pouvoirs de l' Horreur. Essai sur l' Abjection*), trans. Leon S. Roudiez, New York: Columbia University Press, 1982.

《恐怖的力量:论贱斥》。贱斥,被主体/从主体中拒绝和驱逐,是《性别麻烦》的另一个关键词。克里斯蒂瓦写道:“贱斥不是因为缺乏清洁或健康,而是由于身份、制度、秩序受到干扰。是不尊重边界、位置、规则。居中、模糊、混杂。”巴特勒认为,对于异性情欲而言,同性情欲是被贱斥的“他者”,但是她通过对于精神分析理论的精辟运用,使被贱斥的他者成为异性情欲主体的核心。阅读第一章“接近贱斥”。

Lacan, Jacques (1977) *Écrits: A Selection*, London: Routledge.

《拉康选集》。人们总是说拉康有多么难读,但如果你已经读过巴特勒,这应该不成问题。《精神分析所揭示的镜像阶段作为自我功能之形成》和《阳具的意指》是对于理解巴特勒最重要的文章。在第一篇文章中,你将会了解到作为空间性的、结构性的"我"这一概念,而第二篇文章中则是拉康所称的"阴茎的意指功能"。

MacKinnon, Catharine A. (1993) *Only Words*, Cambridge, Mass.: Harvard University Press.

《言词而已》。麦金农激烈反对以美国宪法第一修正案的"言论保护"为名来保护色情、种族骚扰和性骚扰的法律制度。重要、简短、易读。

Nietzsche, Friedrich [1887] *On the Genealogy of Morals* (*Zur Genealogie der Moral*), trans. Douglas Smith, Oxford: Oxford University Press, 1998.

《论道德的谱系》。重要的文本,尼采在这本书中讨论了奴隶道德、怨恨、苦难、罪和禁欲主义。如果你想读一下"行为背后没有行动者",这一观点出现在第一章的第 13 节。

Rée, Jonathan (1987) *Philosophical Tales: An Essay on Philosophy and Literature*, London: Methuen.

《哲学故事:哲学与文学》。并不算是"基础理论",但这本书很有帮助(并且很短),有一章是关于黑格尔的,其中有一节是关于《精神现象学》,其中包含了精神向绝对知识的"旅程"的图示。可以阅读第三章"黑格尔的观点"

Rubin, Gayle (1975) 'The Traffic in Women: Notes on the "Political Economy" of Sex', in Rayna R. Reiter (ed.) *Towards An Anthropology of Women*, New York: Monthly Review Press.

《交易女性:性的"政治经济学"初探》。鲁宾对于"生理性别/社会性别系统"的女性主义人类学分析,认为性别系统是一套社会强加的安排和分工,对于巴特勒的作品持续产生重要影响。鲁宾认为"社会性别是社会强加的性别分工",很容易从中看出巴特勒所受的影响。

Singer, Peter (1983) *Hegel*, Oxford: Oxford University Press.

《黑格尔》。对黑格尔思想的一个简洁易读的介绍。

Wittig, Monique (1992) *The Straight Mind and Other Essays*, Boston: Beacon Press.

《异性恋思维及其他文章》。巴特勒在很多地方都不同意维蒂格,但维蒂格关于"唯物主义女同性恋"的作品对她来说仍然是至关重要的。至少阅读这个文集中的前三篇文章(《性别范畴》、《女人不是天生的》和《异性恋思维》)以及《性别标记》,在这篇文章中,像巴特勒一样,维蒂格也认为生理性别和社会性别不是"自然"的。

# 参考文献

注:本书所引用的朱迪斯·巴特勒的著作列于"进阶阅读书目"。

Althusser, Louis [1969] 'Ideology and Ideological State Apparatuses', in *Lenin and Philosophy and Other Essays*, trans. Ben Brewster, London: New Left Books, 1971, pp.123-73.

Austin, J.L. [1955] *How To Do Things With Words*, Cambridge, Mass.: Harvard University Press, 1962.

Barbin, Herculine (1980) *Herculine Barbin. Being the Recently Discovered Journals of a Nineteenth-century French Hermaphrodite*, trans. Richard McDougall, introduced by Michel Foucault, Brighton: The Harvester Press Ltd.

Bell, Vikki (1999a) 'Mimesis as Cultural Survival: Judith Butler and Anti-Semitism', *Theory, Culture and Society* 16(2): 133-61.

——(1999b) 'On Speech, Race and Melancholia. An Interview with Judith Butler', *Theory, Culture and Society*, 16(2): 163-74.

Benhabib, Seyla, Judith Butler, Drucilla Cornell and Nancy Fraser (1995) *Feminist Contentions: A Philosophical Exchange*, London: Routledge.

Bhabha, Homi (1994) *The Location of Culture*, London: Routledge.

Bordo, Susan (1993) *Unbearable Weight: Feminism, Western Culture, and the Body*, Berkeley: California University Press.

Bourdieu, Pierre [1980] *The Logic of Practice* (*Le Sens Pratique*), trans. Richard Nice, Cambridge: Polity Press, 1990.

——(1991) *Language and Symbolic Power*, trans. Gino Raymond and Matthew Adamson, John B. Thompson (ed.), Cambridge: Polity Press.

de Beauvoir, Simone [1949] *The Second Sex* (*La Deuxième Sex*), trans. H.M.Parshley, London: Everyman, 1993.

de Lauretis, Teresa (1987) *Technologies of Gender: Essays on Film, Theory and Fiction*, Bloomington: Indiana University Press.

Derrida, Jacques [1968] 'The Pit and the Pyramid: An Introduction to Hegel's Semiology', trans. A.Bass, in *Margins of Philosophy*, Brighton: Harvester, 1982, pp.69-108.

——[1972] 'Signature Event Context' ('Signature Evénement Contexte'), in Peggy Kamuf (ed.) *A Derrida Reader: Between the Blinds*, New York: Columbia University Press, 1999, pp.80-111.

Dollimore, Jonathan (1996) 'Bisexuality, Heterosexuality, and Wishful theory', *Textual Practice* 10(3): 523-39.

Eaglestone, Robert (1997) *Ethical Criticism. Reading After Levinas*, Edinburgh: Edinburgh University Press.

Eagleton, Mary (1996) 'Who's Who and Where's Where: Constructing Feminist Literary Studies', *Feminist Review* 53: 1-23.

Eliot, T. S. [1932] *Sweeney Agonistes: Fragments of an Aristophanic Melodrama*, in *The Complete Poems and Plays of T. S. Eliot*, London: Faber, 1969, pp.83-119

Epstein, Barbara (1995) 'Why Post-Structuralism is a Dead End for Progressive Thought', *Socialist Review* 25(2).

Eribon, Didier (1991) *Michel Foucault*, *trans.* Betsy Wing, Cambridge,

Mass.: Harvard University Press.

Foucault, Michel[1961] *Madness and Civilisation: A History of Insanity in the Age of Reason* (*Histoire de la Folie*), trans. Richard Howard 1971, London: Routledge, 1992.

——[1971] 'Nietzsche, Genealogy, History' ('Nietzsche, Généalogie, Histoire'), in Paul Rabinow (ed.) *The Foucault Reader: An Introduction to Foucault's Thought*, London: Penguin, 1984, pp.76-100.

——[1975] *Discipline and Punish: The Birth of the Prison* (*Surveiller et Punir: Naissance de la Prison*), trans. Alan Sheridan, London: Penguin, 1977.

——[1976] *The History of Sexuality Vol.I* (*La Volonté de Savoir*), trans. Robert Hurley, London: Penguin, 1990.

——[1978] 'What Is Critique?', in Sylvère Lotringer and Lysa Hochroth (eds) *The Politics of Truth: Michel Foucault*, New York: Semiotexte, 1997.

Fraser, Nancy (1995) 'False Antitheses', in Seyla Benhabib, Judith Butler, Drucilla Cornell and Nancy Fraser (co-authors) *Feminist Contentions: A Philosophical Exchange*, London: Routledge, pp.59-74.

Freud, Sigmund[1911] 'On the Mechanism of Paranoia', in *Sigmund Freud: Collected Papers Vol.* 3, trans. Alix and James Strachey, New York: Basic Books, 1959, pp.444-66.

——[1913] *Totem and Taboo: Some Points of Agreement between the Mental Lives of Savages and Neurotics* (*Totem und Tabu*), *The Pelican Freud Library Vol.*13, London: Penguin, 1990, pp.43-224.

——[1914] 'On Narcissism: An Introduction' ('Zur Einführung des Narzismus'), *The Pelican Freud Library Vol.11*, London: Penguin, 1991, pp.59-97.

——[1917] 'Mourning and Melancholia' ('Trauer und Melancholie'), *The Pelican Freud Library Vol.11*, London: Penguin, 1991, pp.245-68.

——[1923] *The Ego and the Id* (*Das Ich und das Es*), *The Pelican Freud*

*Library Vol.11* , London: Penguin,1991,pp.339-407.

——[1930] *Civilisation and Its Discontents*( *Das Unbehagen in der Kultur*) , *The Pelican Freud Library Vol.* 12, London: Penguin, 1991, pp. 243-340.

Gates, Henry Louis Jr (1992) 'The Master's Pieces: On Canon-Formation and the African-American Tradition', in H.L.Gates(ed.) *Loose Canons: Notes on the Culture Wars*, Oxford: Oxford University Press, pp.17-42.

Gilroy, Paul(1993) *The Black Atlantic: Modernity and Double Consciousness*, London: Verso.

Goldberg, Jonathan(1997) 'Strange Brothers', in Eve Sedgwick(ed.) *Novel-Gazing: Queer Readings in Fiction*, Durham and London: Duke University Press, pp.465-82.

Hardy, Thomas[1891] Tess of the d'Urbervilles, David Skilton(ed.), London: Penguin, 1978.

Hegel, G. W. F. [1807] *Phenomenology of Spirit* ( *Phänomenologie des Geistes*), trans.A.V.Miller, Oxford: Oxford University Press, 1979.

Hood Williams, John and Wendy Cealy Harrison(1998) 'Trouble With Gender', *The Sociological Review* 46(1): 73-94.

hooks, bell(1996) 'Is Paris Burning?', in bell hooks *Reel to Real: Race, Sex, and Class At the Movies*, London: Routledge, pp.214-26.

Hovey, Jaime(1997) '"Kissing a Negress in the Dark": Englishness as Masquerade in Woolf's *Orlando*', *PMLA* 112(3): 393-404.

Hull, Carrie(1997) 'The Need in Thinking: Materiality in Theodor W. Adorno and Judith Butler', *Radical Philosophy* 84, July/August: 22-35.

Hyppolite, Jean[1946] *Genesis and Structure of Hegel's 'Phenomenology of Spirit'* ( *Genèse et Structure de la 'Phenomenologie de l'Esprit'*), trans. Samuel Cherniak and John Heckman, Evanston: Northwestern University Press, 1974.

Inwood, Michael (1982) *Hegel Dictionary*, Oxford: Blackwell.

Kojève, Alexandre [1941] *Introduction to the Reading of Hegel: Lectures on the Phenomenology of Spirit* (*Introduction à la Lecture de Hegel: Leçons sur la Phenomenologie de l'Esprit*), trans. James H. Nichols Jr, New York: Basic Books, 1969.

Kristeva, Julia (1982) *Powers of Horror: An Essay on Abjection* (*Pouvoirs de l'Horreur. Essai sur l'Abjection*), trans. Leon S. Roudiez, New York: Columbia University Press.

Lacan, Jacques [1949] 'The Mirror Stage as Formative of the Function of the I as Revealed in Psychoanalytic Experience', in Jacques Lacan *Écrits: A Selection*, London: Routledge, 1977; reissued 2001, pp.1-7.

——[1958] 'The Signification of the Phallus', in Jacques Lacan *Écrits: A Selection*, London: Routledge, 1977; reissued 2001, pp.281-91.

Larsen, Nella (1928, 1929) *Quicksand and Passing*, Deborah E. MacDowell (ed.), New Brunswick, New Jersey: Rutgers University Press, 1986.

Lovell, Terry (1996) 'Feminist Social Theory', in Brian S. Turner (ed.) *The Blackwell Companion to Social Theory*, Oxford: Blackwell, pp. 307-39.

MacKinnon, Catharine A. (1993) *Only Words*, Cambridge, Mass.: Harvard University Press.

McNay, Lois (1999) 'Subject, Psyche and Agency: The Work of Judith Butler', *Theory, Culture and Society* 16(2): 175-93.

Moi, Toril (1999) *What Is a Woman? and Other Essays*, Oxford: Oxford University Press.

Nietzsche, Friedrich [1887] *On the Genealogy of Morals* (*Zur Genealogie der Moral*), trans. Douglas Smith, Oxford: Oxford University Press, 1996.

Nussbaum, Martha (1999) 'The Professor of Parody', *New Republic*, 22 February. Online. Available at: http://www.tnr.com/archive/0299/022299/nussbaum022299.html

O'Driscoll, Sally (1996) 'Outlaw Readings: Beyond Queer Theory', *Signs: Journal of Women in Culture and Society* 22(1): 30-49.

Prosser, Jay (1998) *Second Skins: The Body Narratives of Transsexuality*, New York: Columbia University Press.

Rajan, Tilottama (1993) 'Autonarration and Genotext in Mary Hays' *Memoirs of Emma Courtney*', *Studies in Romanticism* 32: 149-76.

Rée, Jonathan (1987) *Philosophical Tales: An Essay on Philosophy and Literature*, London: Methuen.

Rubin, Gayle (1975) 'The Traffic in Women: Notes on the "Political Economy" of Sex', in Rayna R. Reiter (ed.) *Towards An Anthropology of Women*, New York: Monthly Review Press, pp.157-210.

Sartre, Jean Paul [1943] *Being and Nothingness: An Essay in Phenomenological Ontology* (*L'Être et le Néant: Essai d'Ontologie Phénoménologique*), trans. Hazel E. Barnes, London: Methuen, 1977.

Saussure, Ferdinand de [1916] *Course in General Linguistics* (*Cours de Linguistique Générale*), trans. Roy Harris, London: Duckworth, 1983.

Sedgwick, Eve (1990) *Epistemology of the Closet*, London: Penguin.——(1994) *Tendencies*, London: Routledge.

Shildrick, Margrit (1996) 'Judith Butler', in Stuart Brown, Dina Collinson and Robert Wilkinson (eds) *Blackwells Biographical Dictionary of Twentieth-Century Philosophers*, Oxford: Blackwell, pp.117-18.

Sinfield, Alan (1996) 'Diaspora and Hybridity: Queer Identities and the Ethnicity Model', *Textual Practice* 10(2): 271-93.

Singer, Peter (1983) *Hegel*, Oxford: Oxford University Press.

Thurschwell, Pamela (2000) *Sigmund Freud*, London: Routledge.

Warner, Michael (1993) *Fear of a Queer Planet: Queer Politics and Social Theory*, Minneapolis: University of Minnesota Press.

Watts, Carol (1992) 'Releasing Possibility into Form: Cultural Choice and the Woman Writer', in Isobel Armstrong (ed.) *New Feminist*

*Discourses: Critical Essays on Theories and Texts*, London: Routledge, pp.83-102.

Wittig, Monique (1992) *The Straight Mind and Other Essays*, Boston: Beacon Press.

Wright, Elizabeth (ed.) (1992) *Feminism and Psychoanalysis: A Critical Dictionary*, Oxford: Blackwell.

Yeghiayan, Eddie (2001) *Bibliography of Works By and On Judith Butler.* Online. Available at: http://sun3. lib. uci. edu/indiv/scctr/Wellek/butler/html (accessed on 23 January 2001).

# 索 引

# 性别之后:朱迪斯·巴特勒的政治与伦理学

马景超

很多一直关注朱迪斯·巴特勒的读者将巴特勒的作品分为两个阶段:在 2004 年的《消解性别》(*Undoing Gender*)之后,巴特勒的作品中性别问题所占比重变少,而伦理学与政治的讨论则更加突出,因此不少读者(包括一些研究巴特勒的学者)会将这个转变称为她的"伦理学转向"。除了内容的转变,巴特勒备受争议的文风似乎也有改变——《消解性别》被认为是她的性别理论中最易读的一本,而其后的伦理学和政治著作似乎更是明白晓畅。本书的英文原版出版于 2002 年,因此,我将在这篇译后记中简要地介绍巴特勒从 2002 年以来的主要著作,也恰好是在这所谓的"伦理学转向"之后的著作。

首先,我应该说明巴特勒自己并不认可这种"转向"的说法,她曾多次在演讲的问答环节中否认自己的作品能被如此分为两个阶段或者两种主题。如本书作者所说,巴特勒的作品并没有一条线性发展的路径,她所涉及的概念和思想家也繁杂多样,难以总结出简单的线索。如果您已阅读完本书,您会知道巴特勒一直关切政治与伦理问题。性别与身份的讨论之所以重要,恰恰是因为它们来源于现实中身份政治的困境,并且能够帮助我们重新思考颠覆性政治。这样,我们也就可以理解为什么巴特勒否认自己的理论关注有所转变,而坚持认为自己一直关注伦理与政治。与其说是她的关注点有所转变,不如说她在不同作品中阐发伦理问题的方式有所不同。

尽管巴特勒的文风似乎变容易了,但这并不意味着它们与之前那些难读的文本之间有着本质区别或者风格的断裂,更不意味着之前的著作就不值一读。这不仅是因为她一直在关注伦理与政治层面的问题,更是因为她不断回溯和重新讨论主体概念,而她对于伦理、政治、性别、身份、战争、公共领域等讨论都是基于主体概念的。我在译者前言中简略介绍了巴特勒对传统主体概念的批判,提醒读者注意她所重复指出的主体本身被形塑的过程,这仍然是巴特勒此后作品的重要论点之一。

限于篇幅,我无法将巴特勒从 2002 年以来的主要著作一一梳理概括,只能大概将它们划分为三个问题领域:主体与政治主体,战争、哀悼与国民,犹太问题与宗教问题。尽管如此划分,但这三个领域显然是相互交叉重叠的。在下图中,我粗略地将它们之间重叠的问题和概念示意如下:

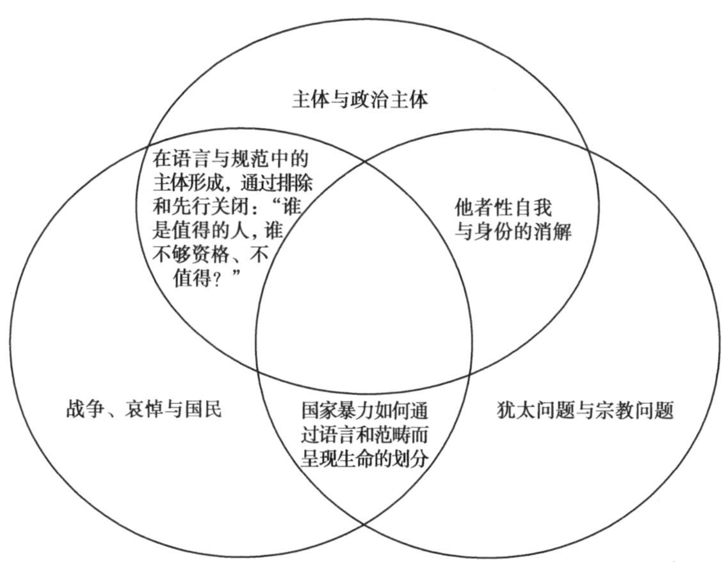


为行文简洁起见,我仍将按照这三个主题分类来介绍巴特勒的这些作品,但这并不意味着这三个主题之间有明确的分界线,可

以将巴特勒的作品一分为三或者将某一部作品完全概括。

《消解性别》、《陈述自我》(*Giving an Account of Oneself*)与《主体之感》(*Senses of The Subject*)三部著作较为集中地讨论了主体概念,而《成为我的身体》(*Sois mon corps*)则在重新解读黑格尔中讨论主体。其中,《消解性别》主要关注性别问题中主体与规范的关系;《陈述自我》是巴特勒最集中探讨伦理学与道德责任的著作;《主体之感》则是与主体、身体、知觉相关的论文合集,收录了巴特勒在此问题上历年来发表的一些论文。主体是在社会规范中被建构的:只要我们在社会中出生成长、学习语言、学习与人交际、经历社会化的过程,我们就在这个过程中接受了很多社会规范。规范划分了人与非人的界限:不符合规范的人便无法在社会中被承认为人。然而这并不意味着社会规范是铁板一块,或者我们全无反抗之力。在《消解性别》中巴特勒着重讨论了我们如何消解性别规范——不是靠彻底抛弃规范或者想象一个规范之外的世界,而是在多样的规范中选择和商榷(negotiate)的策略。巴特勒讨论了跨性别社群与医学规范的矛盾关系:在美国的医疗体系中,如果要获得重塑性别的医疗手段,跨性别者就必须认可医学规范中对自己的病理化,从而服从医学规范,然而在平权领域的跨性别平权运动又需要努力将跨性别去病理化来争取与顺性别同样的工作与生活条件及尊重。在《陈述自我》中,巴特勒主要讨论了道德意义上的主体与规范的关系。道德规范究竟是主体的选择还是塑造了主体?巴特勒认为主体在被道德规范形塑的同时,对于道德规范的反思和商榷也是必然的。并且,承认也只能通过规范才能发生:我只能通过某些规范来认出他人(例如我在街上看到一位陌生人并判断她是“女人”,这是通过一定的性别与外表风格的社会规范而完成的);在承认中,我们的主体性同时成了规范的执行者。巴特勒指出,我们必须接受道德的出发点恰恰是自我的这种模糊性(opacity)。《主体之感》则回应了一些对于建构论的批评。巴特勒解释到,身体是由语言建构的,并不是说身体本身是语言的本体论效应,而是说,我们对身体的认识是在语言中给出的,但身体从未完全在语言中被给出,在能被语言把握和语言无法把握之间的区分正是身体不断区分于自我的过程。与此相关但更为专门的一本著作是巴特勒与法国哲学家凯瑟琳·马拉布(Catherine Malabou)关于黑格尔的讨论《成为我的身体》,在其中她们讨论了《精神现象学》里主奴关系一段中主体与身体的关系。当黑格尔的主人对奴隶说"你成为我的身体",替我劳作、替我受苦的时候,巴特勒和马拉布都指出,这种自我意识与身体的分割是不可能实现的。在科耶夫的解读中,这一段讲的是意识的搏斗与承认的过程;巴特勒与马拉布的解读则绕开了以承认(recognition)为核心概念的解读,而用身体的视角来为我们重新解读了这一段耳熟能详的文本。

规范对主体的建构与对不符合规范的生命的排除也是巴特勒对战争和哀悼(grief)的讨论的重点之一。在《脆弱不安的生命》(*Precarious Life*)中,巴特勒讨论了我们如何分配哀悼:在美国语境中,哀悼在战争中受害的伊拉克平民是难以想象的。以这种方式,媒体通过划分谁的死亡值得哀悼,来划分谁的生命算得上是生命。《战争的框架》(*Frames of War*)延续了这一主题。通过讨论阿布格莱布(Abu Ghraib)监狱美军虐待伊拉克战俘事件中的照片,巴特勒讨论了战争是如何呈现给我们的:就像照片的取景框一样,呈现战争的叙事框架也是隐形地限定着我们能看到什么和不能看到什么。如果我们只关注被呈现的东西,我们很可能忘记了呈现本身的框架并不是自然而然或者完全无意的;相反,它在哪里如何限定什么能被看见,正是政治的一部分。《谁为民族国家歌唱?》(*Who*

*Sings the Nation-State*?）同样关注了政治主体如何被排除和如何被建立的问题。在 2006 年春天，无证移民（undocumented immigrants）在洛杉矶的抗议活动中用西班牙语高唱美国国歌。巴特勒和合著者加亚特里·斯皮瓦克（Gayatri Spivak）就此讨论了公民、身份与国家的关系。她们问到：当我们进行人权的诉求，诉求的对象应该是主权国家，还是主权国家之外的政治权威或合法性？非公民向他们并不从属的主权国家进行人权诉求又意味着什么？巴特勒指出，不属于任何国家的人，并不意味着就不受国家权力的制约；相反，他们可能会受到更多国家权力的制约和建构（作为闯入者、危险的人、侵占者等形象）。因此，无证移民唱美国国歌这一行为，可以被视为失去政治主体性的人对自己政治主体性的商榷。《被逐》（*Dispossession*）是巴特勒与阿塔纳西欧（Athena Athanasiou）合著的作品，巴特勒重复了自己一直以来所强调的主体本身的他异性——从这个意义上来说，主体的构建中就已经包含了他者，对自己不能完全拥有、被逐的体验是组成主体的一部分。然而，被逐还有另一层含义，即在政治语境中的政治主体作为他者而被暴力逐出生活环境或政治环境。这本书中两位作者希望能够通过讨论前者来改变后者，重塑被逐的政治含义，如果我们都是被逐的主体，我们就不应该去寻求独占他人的空间而将他人逐出。《集会的操演性理论笔记》（*Notes toward a Performative Theory of Assembly*）发展了《被逐》中对于政治的操演性的讨论：正如性别一样，公共领域（public sphere）就是组成它的动作（“做出”[doing] 就是“存在”[being]），它是由这些走向公共领域的动作而自我构建的。巴特勒在此发展了汉娜·阿伦特的理论，认为公共领域是人在他人面前通过自己的言行而显现（appear）的场域，但她认为阿伦特错误地将身体排除出公共领域，认为维持生命的身体机能只属于私人领域。在巴特

勒看来,由于社会规范和国家暴力将一些人逐出生活的环境,使一些人的生命更加脆弱不安,以及将一些人的生命不视为值得一提的生命,这意味着身体本身就是政治的一部分,它在公共领域的显现本身就具有政治意义。

无形的框架、被逐的主体与国家暴力也贯穿了巴特勒对犹太问题与宗教问题的讨论。在《批判是世俗的吗?》(*Is Critique Secular?*)和《公共领域中的宗教力量》(*The Power of Religion in the Public Sphere*)两本书中,巴特勒都指出了"世俗"与"宗教"的区分源起于欧洲历史上基督教的概念之分,我们必须对这段历史加以反思,而不是将其生搬硬套到其他语境之中。《批判是世俗的吗?》由巴特勒、温迪·布朗(Wendy Brown)与两位人类学家塔拉尔·阿萨德(Talal Asad)、萨巴·马哈茂德(Saba Mahmood)合著。该书回应了丹麦讽刺漫画嘲讽伊斯兰教所引发的争议。如本书中讨论的对色情制品的争议一样,丹麦漫画争议也是一个关于言论自由的范围的争议。漫画的支持者认为漫画属于世俗领域,因此应属于言论自由;反对者则认为渎神的漫画是具有伤害性的,不应属于言论自由。巴特勒在这本书中所收录的文章里提醒我们,世俗与宗教的区分是在欧洲历史上根据基督教历史而划分出来的,而对其他宗教和其他文化中是否有这样的区分、如何区分、如何整合进现代国家机制,需要更严密细致又具有历史视角的考察。尤其在当代欧美视角中,基督教与伊斯兰教往往被视为理性与非理性的对比,从而在讨论中预先将伊斯兰教排除在"理性"和公共领域之外。《公共领域中的宗教力量》则是尤根·哈贝马斯、康奈尔·韦斯特、查尔斯·泰勒与巴特勒一起在纽约进行的公共演讲合集,在其中巴特勒大致重复了前作中的观点。《分道扬镳》(*Parting Ways*)是巴特勒最集中讨论犹太问题和以色列—巴勒斯坦问题的一本书。巴特勒本人坚定反对犹太复国主义，近年来参加了很多声援巴勒斯坦和抗议以色列国家暴力的国际活动。在《分道扬镳》中，她从解读爱德华·萨义德（Edward Said）的作品入手，讨论了犹太人与巴勒斯坦人共有的离散与被逐的经历。接下来，从犹太思想家阿伦特、本雅明、布伯（Martin Buber）、普莱莫·列维（Primo Levi）与列维纳斯的思想中，巴特勒讨论了犹太身份是如何建立在他者性之上的：作为犹太人，就意味着混居于非犹太人之中，就意味着与他者的相遇是生命体验的一个组成部分。在这些犹太思想家看来，犹太身份本身就包含了与他人的共同居住（cohabitation），这不仅是一个历史事实，也是一个伦理责任。回到当下的以色列—巴勒斯坦问题，巴特勒并不只是简单地说双方应共同居住：她首先指出了共同居住的伦理要求，即它不能建立在殖民主义和种族主义上。共同居住和双国家并存，意味着犹太人不能拥有特权或者要求非犹太人为此做出牺牲。

本文由于篇幅所限，只能简要介绍巴特勒的专著，而如果读者有兴趣进一步翻阅巴特勒的论文和媒体文章，则会更加了解她丰富的理论视角与现实政治关切，如对美国近年来“黑人的命也是命”（Black Lives Matter）种族平权运动的讨论、占领华尔街（Occupy Wall Street）的发言等。这篇短文对近十几年来巴特勒的思想发展来说，只能是管中窥豹，但仍然希望能够为本书起到一点补充作用，能够引起您对巴特勒更多近期作品的兴趣。

## 附录:巴特勒2004年后主要著作列表

Butler, Judith (2004). *Precarious Life: the Powers of Mourning and Violence*. London New York: Verso.

《脆弱不安的生命:哀悼与暴力的力量》

Butler, Judith (2004). *Undoing Gender*. New York/London: Routledge.

《消解性别》

Butler, Judith (2005). *Giving an Account of Oneself*. New York: Fordham University Press.

《陈述自我》

Butler, Judith; Spivak, Gayatri (2007). *Who Sings the Nation-State?: Language, Politics, Belonging*. London New York: Seagull Books.

《谁为民族国家歌唱? 语言、政治、归属》

Butler, Judith; Asad, Talal; Brown, Wendy; Mahmood, Saba (2009). *Is Critique Secular?: Blasphemy, Injury, and Free Speech. Berkeley*, California: Townsend Center for the Humanities, University of California Distributed by University of California Press.

《批判是世俗的吗? 渎神、伤害与言论自由》

Butler, Judith (2009). *Frames of War: When is Life Grievable?* London New York: Verso.

《战争的框架:生命何时可以哀悼?》

Butler, and Catherine Malabou (2010). *Sois mon corps: Une lecture contemporaine de la domination et de la servitude chez Hegel*. Paris: Bayard Jeunesse.

《成为我的身体:黑格尔主奴关系的当代解读》

Butler, Judith; Habermas, Jürgen; Taylor, Charles; West, Cornel (2011). *The Power of Religion in the Public Sphere*. New York: Columbia University Press.

《公共领域中宗教的力量》

Butler, Judith; Weed, Elizabeth (2011). *The Question of Gender Joan W. Scott's Critical Feminism*. Bloomington: Indiana University Press.

《性别问题:琼·斯格特的批判性女性主义》

Butler, Judith (2012). *Parting Ways: Jewishness and the Critique of Zionism*. New York: Columbia University Press.

《分道扬镳:犹太身份与犹太复国主义的批判》

Butler, Judith; Athanasiou, Athena (2013). *Dispossession: the Performative in the Political*. Cambridge, UK Malden, Massachusetts: Polity Press.

《被逐:政治中的操演》

Butler, Judith (2015). *Senses of the Subject*. New York: Fordham University Press.

《主体之感》

Butler, Judith (2015). *Notes toward a Performative Theory of Assembly*. Cambridge, Massachusetts: Harvard University Press.

《集会的操演性理论笔记》

Butler, Judith, Zeynep Gambetti, and Leticia Sabsay (2016). *Vulnerability in Resistance*. Reprint edition. Durham: Duke University Press Books.

《抵抗中的脆弱性》

**图书在版编目(CIP)数据**

导读巴特勒/(英)萨拉·萨里(Sara Salih)著;马景超译.--重庆:重庆大学出版社,2018.9
(思想家和思想导读丛书)
书名原文:Judith Butler
ISBN 978-7-5689-1347-8

Ⅰ.①导… Ⅱ.①萨…②马… Ⅲ.①朱迪斯·巴特勒—哲学思想—思想评论 Ⅳ.①B712.6

中国版本图书馆 CIP 数据核字(2018)第 198126 号

**导读巴特勒**
[英]萨拉·萨里 著
马景超 译
策划编辑:贾 曼
特约策划:邹 荣 任绪军 何啸锋
责任编辑:贾 曼 邹 荣 版式设计:邹 荣
责任校对:邬小梅 责任印制:张 策
*
重庆大学出版社出版发行
出版人:易树平
社址:重庆市沙坪坝区大学城西路 21 号
邮编:401331
电话:(023)88617190 88617185(中小学)
传真:(023)88617186 88617166
网址:http://www.cqup.com.cn
邮箱:fxk@cqup.com.cn(营销中心)
全国新华书店经销
重庆市正前方彩色印刷有限公司印刷
*
开本:890mm×1168mm 1/32 印张:8 字数:187千 插页:32开2页
2018年11月第1版 2018年11月第1次印刷
ISBN 978-7-5689-1347-8 定价:40.00元

---

*Judith Butler*, by Sara Salih, ISBN: 978-0-415-21519-0



**版贸核渝字(2013)第 321 号**



**封面设计:史英男　刘　骥**

guide

**思想家和思想导读丛书**

★表示已出版

## 思想家导读

导读齐泽克★
导读德勒兹★
导读尼采★
导读阿尔都塞★
导读利奥塔★
导读拉康★
导读波伏瓦★
导读布朗肖★
导读葛兰西★
导读列维纳斯★
导读德曼★
导读萨特★
导读巴特★
导读德里达★
导读弗洛伊德(原书第2版)★
导读海德格尔(原书第2版)
导读鲍德里亚(原书第2版)★
导读阿多诺★
导读福柯★
导读萨义德(原书第2版)
导读阿伦特★
导读巴特勒★
导读巴赫金★
导读维利里奥
导读利科

## 思想家著作导读

导读尼采《悲剧的诞生》★
导读巴迪欧《存在与事件》
导读德里达《书写与差异》
导读德里达《声音与现象》
导读德里达《论文字学》
导读德勒兹与加塔利《千高原》★
导读德勒兹《差异与重复》
(乔·休斯 著)
导读德勒兹《差异与重复》
(亨利·萨默斯-霍尔 著)
导读德勒兹与加塔利《什么是哲学?》
导读福柯《性史(第一卷):认知意志》★
导读福柯《规训与惩罚》★
导读萨特《存在与虚无》
导读维特根斯坦《逻辑哲学论》★
导读维特根斯坦《哲学研究》

## 思想家关键词

福柯思想辞典★
巴迪欧:关键概念★
德勒兹:关键概念(原书第2版)★
阿多诺:关键概念★
哈贝马斯:关键概念★
朗西埃:关键概念★
布迪厄:关键概念(原书第2版)★
福柯:关键概念
阿伦特:关键概念★
德里达:关键概念
维特根斯坦:关键概念